후다닥 하룻밤에 끝내는

NEW SMART

미드영어
대표표현
2500

CHRIS SUH

MENT⊘RS

후다닥 하룻밤에 끝내는
New SMART
미드영어 대표문장 2500

2024년 8월 7일 인쇄
2024년 8월 14일 발행

지 은 이 Chris Suh
발 행 인 Chris Suh
발 행 처 **MENTORS**
경기도 성남시 분당구 분당로 53번길 12 313-1
TEL 031-604-0025 FAX 031-696-5221
mentors.co.kr
blog.naver.com/mentorsbook
* Play 스토어 및 App 스토어에서 '멘토스북' 검색해 어플다운받기!
등록일자 2005년 7월 27일
등록번호 제 2022-000130호
I S B N 979-11-988743-2-0
가   격 15,600원(MP3 무료다운로드)

PREFACE

Common Expressions
in American Dramas

미드는 왜
들어도
들리지
않는걸까?

미드를 들어도 들리지 않는 까닭은 그들의 빠른 발음이 가장 큰 원인이지만 그 다음으로는 미드에 나오는 표현들 중 모르는 것들이 너무 많기 때문이다. 발음은 차치하고 여기서는 미드에 자주 나오는 표현들에 대해서 이야기하려고 한다. 교과서 영어, formal 한 영어, 즉 영어학습을 위한 영어를 배워온 사람들에게 미드에서 속사포처럼 나오는 처음 듣는 표현들은 미드를 멀리하게 만드는 주된 원인이 되고 만다.

세가지 점에서 기존의 영어학습을 바꿔야만 적어도 미드표현에 대한 두려움을 극복할 수 있을 것이다. 먼저 교과서적인 formal한 영어를 벗어나 실제로 미드에서 쓰이는 현지영어에 익숙해져야 한다는 것이다. Are you still there?(아직 듣고 있는거야?), You do the math(잘 생각해봐), It's way out of hand(감당할 수 없어), It's a deal?(그럴래?) 등을 보자. 모르는 단어는 없는 문장들이지만 선뜻 이해가 되지 않는 표현들이다. 하지만 이 표현들은 실제 미드에서는 다시 말해서 실제 현지영어에서는 많이 쓰이는 문장들이다. 두번째는 보통의 영어학습서에는 찾기 힘든 좀 어려운 표현들이다. It's not good to keep that bottled up inside(맘속에 담아두는 건 안 좋아), I wouldn't be caught dead at the show(그 쇼에는 절대로 나가지 않겠어), They're holding all the chip(걔네들이 주도권을 쥐고 있어) 등의 표현은 난이도가 높은 표현들이다. 기본표현도 못쓰면서 이같은 어려운 표현들을 당장 써먹을 필요는 없다. 다시 말해서 스피킹용이라기 보다는 미드를 이해하는데 도움이 되는 표현들로 생각하고 알아두어야 한다. 세번째로는 역시 우리가 쓰기는 좀 그런 슬랭에 가까운 표현들이다. It sucks(밥맛이야), The hell with that(알게 뭐람, 맘대로 해), I'm fucking with you(널 놀리는거야) 등인데, 이런 표현들 역시 우리가 굳이 쓸 필요는 없는 것들이다. 하지만 실제 여러 계층의 사람들의 영어를 담고 있는 미드를 듣기 위해서는 꼭 알아두어야 하는 표현들이다.

미드를 즐기기
위해서 꼭 알아
두어야 되는
표현들

후다닥
2500개의
표현만 이해하면
미드를 즐길 수
있어~

정리하자면. 위 세가지 표현들을 담고 있는 미드에서 우리가 실제 말하는데 도움이 되는 것은 첫번째 분류의 표현들이고 두번째, 세번째 표현들은 단지 미드를 이해하고 즐기기 위하기 위하여 필요하다는 말이다. 물론 현지에서 오래 사는 사람들이라면 두번째, 세번째도 필요한 것은 당연하다. 이책 〈후다닥 하룻밤에 끝내는 미드영어 대표표현 2500〉은 위 세가지 카테고리에 들어가는 대표 문장들을 정리하였으며, 어려운 표현 밑에는 설명을 달아서 이해를 도왔다. 책 제목처럼 후다닥 2500개의 표현들을 이해하고 원어민들의 녹음된 파일을 들으면서 큰 소리로 따라 읽으면 어렵게만 느껴지던 미드영어가 더 잘 들리고 더 잘 이해되고 그래서 더 쉽게 미드를 즐길 수 있을 것이다.

이 책의 특징

Common
Expressions
in American
Dramas

❶ 미드영어를 이해하는데 꼭 필요한 대표표현 2500개를 모았다.

❷ 기본표현부터 고급표현까지, 그리고 자주 쓰이는 슬랭까지 수록하였다.

❸ 알파벳으로 정리하여 그동안 산만하게 알고 있는 미드표현을 질서있게 정리할 수 있다.

❹ 각 표현 아래에는 강의식으로 보충설명이나 추가표현을 넣어서 이해를 쉽게 하였다.

❺ 모든 문장은 생동감 넘치는 네이티브의 녹음이 되어 있어서 따라 읽으면 크게 도움이 될 것이다.

이 책의 구성

Common
Expressions
in American
Dramas

❶ 총 2500 여개의 미드 대표표현들이 알파벳 순서로 사전식으로 정리되어 있다.

❷ 알파벳 구성은
A–F,
G–I,
J–R,
S–Y 등,
총 4파트로 대분되어 나뉘어져 있다.

❸ 각 파트가 끝날 때는 Check It Out!이 있어 미드에서 각 표현들이 어떻게 쓰이는지 보여주고 있다.

이 책을 쉽게 보는 법

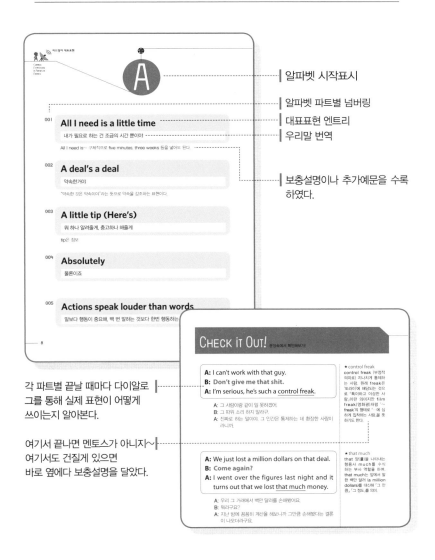

알파벳 시작표시

알파벳 파트별 넘버링

대표표현 엔트리

우리말 번역

보충설명이나 추가예문을 수록
하였다.

각 파트별 끝날 때마다 다이알로
그를 통해 실제 표현이 어떻게
쓰이는지 알아본다.

여기서 끝나면 멘토스가 아니지~
여기서도 건질게 있으면
바로 옆에다 보충설명을 달았다.

미드영어 대표표현

001 **All I need is a little time**

내가 필요로 하는 건 조금의 시간 뿐이야

All I need is~ 구체적으로 five minutes, three weeks 등을 넣어도 된다.

002 **A deal's a deal**

약속한 거야

"약속한 것은 약속이다"라는 뜻으로 약속을 강조하는 표현이다.

003 **A little tip (Here's)**

뭐 하나 알려줄게, 충고하나 해줄게

tip은 정보

004 **Absolutely**

물론이죠

005 **Actions speak louder than words**

말보다 행동이 중요해, 백 번 말하는 것보다 한번 행동하는

8

CHECK IT OUT! 문장속에서 확인해보기!

A: I can't work with that guy.
B: Don't give me that shit.
A: I'm serious, he's such a control freak.

A: 그 사람이랑 같이 일 못하겠어.
B: 그 따위 소리 하지 말라구.
A: 진짜로 하는 말이야. 그 인간은 통제하는 데 환장한 사람이
라니까.

★ control freak
control freak은 (부정적
의미로) 지나치게 통제하
는 사람. 원래 freak은
'또라이'에 해당되는 것으
로 '특이하고 이상한 사
람'이란 의미지만 film
freak(영화광)처럼 '~
freak'의 형태로 '…에 심
하게 집착하는 사람'을 뜻
하기도 한다.

A: We just lost a million dollars on that deal.
B: Come again?
A: I went over the figures last night and it
turns out that we lost that much money.

A: 우리 그 거래에서 백만 달러를 손해봤어요.
B: 뭐라구요?
A: 지난 밤에 꼼꼼히 계산을 해보니까 그만큼 손해봤다는 결론
이 나오더라구요.

★ that much
that 양(量)을 나타내는
형용사인 much를 수식
하는 부사 역할을 하며,
that much는 앞에서 말
한 백만 달러 (a million
dollars)를 대신해 '그 만
큼', '그 정도'를 의미.

CONTENTS 🎯

Common Expressions
in American Dramas

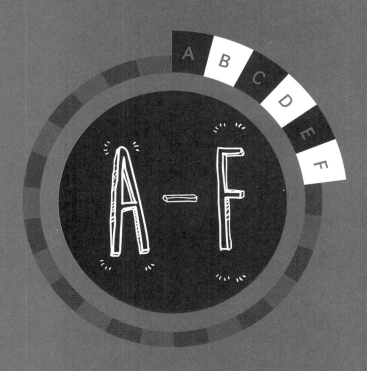

미드영어 대표표현

COMMON
EXPRESSIONS
IN AMERICAN
DRAMAS

A

001

All I need is a little time

내가 필요로 하는 건 조금의 시간 뿐이야

All I need is~ 구체적으로 five minutes, three weeks 등을 넣어도 된다.

002

A deal's a deal

약속한거야

"약속한 것은 약속이야"라는 뜻으로 약속을 강조하는 표현이다.

003

A little tip (Here's)

뭐 하나 알려줄게, 충고하나 해줄게

tip은 정보

004

Absolutely

물론이죠

005

Actions speak louder than words

말보다 행동이 중요해, 백 번 말하는 것보다 한번 행동하는 게 나아

006

After all[everything] I have done for you

얼마나 네게 잘해주었는데

007

All better (I'm)

좋아졌어

008

All I can tell you is we do have a plan

내가 말해줄 수 있는 건 우리에게 계획이 있다는거야

009

All I want to do is get my money back

내가 바라는 건 내 돈을 돌려받는거야

All I want to do is do~는 내가 원하는 것은 …하는거야

010

All I'm saying is I can do it

단지 내 말은 내가 할 수 있다는 거야

All I'm saying is S+V는 내가 말하고 싶은 것은 …야

011

All in good time

언젠가 때가 되면

때를 기다리다보면, 때가 오면, 혹은 머지 않아라는 뜻.

012 **All right**

1. 알았어 2. (자기 말 확인) 알았어? 3. 좋아, 그래

013 **All right, already!**

좋아 알았다구!

014 **All right, get this**

알겠어, 이거 들어봐봐

Get this는 (관심유도) "이것 좀 들어봐"

015 **All right, we'll do it your way**

좋아, 우린 네 방식대로 할게

do sth one's own way는 제멋대로 하다, 자기 방식대로 하다. 그리고 do sth one's way는 …의 방식대로 하다라는 의미이다.

016 **All set**

준비 다 됐어요앞에

I'm이 생략된 경우.

017 **All set?**

준비 다 됐어?

반대로 상대방에게 준비됐냐고 물어보는 것으로 You're가 생략된 것으로 보면 된다.

018 **Am I a suspect?**

제가 용의자인가요?

019 **Am I getting warm?**

(정답 등에) 가까워지고 있는거야?

get warm은 정답에 가까워지다, 활기를 띠다라는 의미.

020 **Am I right?**

그렇지 않니?, 내 말이 맞지?

021 **Anita's a catch**

아니타는 꼭 붙잡고 싶은 여자야

여기서 catch는 명사로 꼭 붙잡고 싶은 이성, 킹카로 생각하면 된다.

022 **Any chance you know where he is?**

걔가 어디 있는지 알아?

023 **Anything you want to say (to me)? (Is there)**

내게 뭐 할 말 있어?

024

Anytime

1. (초대받고) 언제든지 2. (상대방이 감사할 때) 언제라도 3. (준비) 언제라도

025

Are we still on?

변함없지?, 유효한거지?

약속 등이 아직 유효한지 물어보는 문장.

026

Are you (still) there?

듣고 있는거니?, 여보세요?

전화통화시 상대방이 아직 전화끊지 않고 통화가능상태인지 확인하는 표현이다.

027

Are you all caught up?

밀린 일은 다 했어?

참고로 get[be] caught up in하게 되면 '…에 연루되다'라는 의미.

028

Are you all right?

괜찮아?

029

Are you all there?

너 제 정신이야?

be all there은 제정신이다라는 의미.

030

Are you available?

시간 돼?, 지금 바쁘니?

031

Are you coming on to me?

지금 날 유혹하는거야?

come on to sb는 '…을 유혹하다'라는 뜻.

032

Are you coming or what?

너 오는거야 뭐야?

~ or what? 1. 그게 아니면 뭐야?, …아니면 어쩔건데? 2. 그렇지 않아?, 그런거 아냐?

033

Are you decent?

들어가도 돼?

특히 상대방의 방에 들어갈 때 내가 들어가도 될 만큼 상대방이 입을 것을 입고 있냐고 물어보는 문장이다.

034

Are you following me?

알아듣고 있지?

035

Are you going my way?

혹시 같은 방향으로 가니?

같은 방향이면 태워달라고 할 때.

036

Are you happy now?

이제 맘에 들어?, 만족하니?, 이제 됐어?

037

Are you in?

너도 할래?, 너도 낄래?

be in은 join이라는 의미.

038

Are you insane?

너 돌았니?

039

Are you kidding (me)?

농담하는거야?, 장난해?, 무슨 소리야?

040

Are you leaving so soon[early]?

벌써 가려구?, 왜 이렇게 빨리 가?

041

Are you listening to me?

듣고 있는 거야?, 내 말 듣는 거야?

listen to sb는 주의를 기울이며 '…의 말을 듣다'라는 의미.

042

Are you nuts?

너 미쳤니?

Are you insane?과 같은 의미의 문장.

043

Are you okay?

괜찮아?

044

Are you on crack?

너 약 먹었어?

be on crack은 약을 하다

045

Are you out of your mind?

너 제정신이야?, 미쳤니?

be out of one's mind는 미치다

046

Are you packing?

총을 소지하고 있어?

pack[carry] a gun은 총을 지니다. 그리고 have a gun은 총을 가지고 있다

047

Are you ready to go?

갈 준비 다 됐어?

be ready to+V[for+N]는 …할 준비가 되어 있다

048 Are you seeing someone?

누구 사귀는 사람 있어?, 만나는 사람있어?

반드시 그러는 것은 아니지만 주로 진행형으로 쓰이는 경우가 많다.

049 Are you serious?

정말이야?, 농담 아냐?

050 Are you sure?

정말이야? 확신해?

051 Are you with me?

1. 내 말 이해돼? 2. 내 편이 돼 줄테야?, 나랑 같이 할거지?

be with sb는 sb의 말을 이해하거나 sb의 편이 되는 것을 뜻한다.

052 Aren't you sweet?

고맙기도 해라

053 As I mentioned before

내가 전에 말했듯이

B

001 Back me up

도와줘, 지원해줘

back up은 지원하다, 명사로는 지원(병력)을 뜻한다.

002 Back off! (You)

꺼져!, 비켜!, 물러서!, 진정해!

003 Be back soon

금방 돌아올게

앞에 I'll이 생략된 경우.

004 Be careful what you wish for

뭘 원하는지 신중히 생각해

005 Be cool

진정해라, 침착해

COMMON
EXPRESSIONS
IN AMERICAN
DRAMAS

006

Be honest

솔직히 털어놔, 진심을 말해봐

007

Be my guest!

그럼, 그렇게 해!, 좋을대로 해!

주로 상대방의 요청을 허락하면서

008

Be nice

얌전하게 굴어, 친절하게 좀 행동해

009

Be patient

조바심내지마, 인내심을 가져

010

Beats me

글쎄 잘 모르겠는데, 내가 어떻게 알아

Search me라고도 한다.

011

Been there done that

(전에도 해본 것이어서) 뻔할 뻔자지

가본 적도 있고 해본 적도 있다는 말로 충분히 알고 있다라는 의미.

012

Before I forget, you got a call from Tom

잊기 전에 말해두는데 탐이 전화했었어

before I forget은 잊기 전에 말해두는데

013

Behave yourself

버릇없이 굴면 안돼(아이들에게), 점잖게 행동해

014

Believe me

정말이야, 날 믿어 확실해

강조하려면 Believe you me라고 한다.

015

Better late than never

아예 안 하는 거보단 늦는 게 나아, 늦더라도 하는 게 나아

016

Better left unsaid

말 안 하는게 좋겠어, 입다물고 있는게 낫겠어, 말하지 말자

앞에 That is가 생략된 것으로 보면 된다.

017

Better luck next time

다음엔 더 나아질거야

018 Better than nothing (It's)

없는 것보단 낫네

019 Big time

1. 그렇고 말고 2. 많이

"그렇고 말고"라는 대답으로 사용될 뿐만 아니라 크게, 많이라는 의미로도 쓰인다.

020 Bite me!

배 째라!, 어쩌라구!

상대방에 대한 불만을 공격적으로 표현하는 아이들 표현.

021 Bite your tongue

입 조심해, 말이 씨가 되는 수가 있어

022 Blow me

제기랄

Fuck you와 비슷한 표현으로 생각하면 된다.

023 Book her on blackmail

걔 협박죄로 체포해

book은 체포하다. 체포해서 피의사실을 기록하다

024 **Bottoms up!**

위하여!

025 **Brace yourself**

마음 단단히 먹고 들어, 각오해 둬

026 **Break a leg!**

행운을 빌어!

027 **Break it up!**

(싸움) 그만둬!, 다투지마!

참고로 break it off는 헤어지다로 break up with와 같은 의미.

028 **Bring it on**

어디 덤벼봐, 어디 한번 해보자구

029 **Buck up**

힘내라, 기운내라

그래서 buck sb up하게 되면 격려하다가 된다.

030

Butt out!

참견말고 꺼져!, 가서 네 일이나 잘해!

031

Buzz him in

들여보내, 문 열여 줘

032

By all means

물론이지, 그렇고 말고

상대방의 부탁이나 요구에 '그래,' '물론'라는 답변.

033

By the way

참, 그런데, 참고로, 덧붙여서

화제를 바꿔서 얘기를 시작할 때

미드영어 대표표현

COMMON
EXPRESSIONS
IN AMERICAN
DRAMAS

A-F

G-I

J-R

S-Y

001

Call me on your cell phone

핸드폰으로 전화해

002

Calm down

진정해

003

Can I (just) ask you a question?

질문 하나 해도 될까?

004

Can I bum a smoke?

담배 한 대 얻을 수 있을까?

bum은 값을 생각없이 빌리다라는 의미.

005

Can I get a word?

얘기 좀 할 수 있을까?

get a word는 얘기를 하다, get word to는 …에게 말을 전해주다

006 Can I get you something?

뭐 좀 사다 줄까?, 뭐 좀 갖다 줄까?

007 Can I have a word (with you)?

잠깐 얘기 좀 할까?

008 Can I talk to you(for) a second?

잠깐 얘기 좀 할까?

for a minute, for a moment라고 해도 되고 for a second는 for a sec으로 쓰기도 한다.

009 Can we talk?

얘기 좀 할까?

010 Can you believe this is already happening?

벌써 이렇게 됐나

011 Can you give me a hand?

좀 도와줄래?

give sb a hand는 …을 도와주다

012 **Can you make it?**

할 수 있겠어?, (제 시간에) 도착할 수 있겠어?

make it은 해내다 혹은 어떤 장소 등에 제시간에 도착하다라는 의미.

013 **Can[Could] you excuse us?**

실례 좀 해도 될까요? 자리 좀 비켜줄래요?

014 **Can't beat that (I)**

그 보다 더 훌륭할 수는 없어, 난 못당하겠어

You can't beat that은 짱이야, 완벽해라는 문장.

015 **Can't complain (I)**

잘 지내, 더 바랄 나위가 없지

상대방의 인사말에 잘 지내고 있다라고 대답할 때 쓰는 표현 중의 하나.

016 **Can't help it (I)**

나도 어쩔 수가 없어

can't help~는 어쩔 수가 없다

017 **Can't top that, Chris**

크리스, 이거 끝내준다

can't top that[this]은 최고야, 굉장하다, 엄청나다

018 **Care for some coffee?**

커피 들래요?

앞에 Would you~가 생략되었다.

019 **Care to tag along?**

따라올테야?

tag along은 초대하지 않았는데도 따라다니다

020 **Carry on**

계속해

한 단어로는 Continue

021 **Cat got your tongue? (The)**

왜 말이 없어?

022 **Catch you later (I'll)**

나중에 보자

023 **Chances are he's gonna[going to] do this**

걔가 아마 그렇게 할거야

Chances are S+V는 아마 …일거야

024 **Check this[it] out**

이것 좀 봐, 들어봐

check out은 확인하다, (호텔) 퇴실하다, (도서관) 책을 대여하다

025 **Cheer up!**

기운 내!, 힘내!

026 **Clear the way!**

비켜주세요!

clear는 …을 비우다, 치우다

027 **Come and get it**

자 와서 먹자, 자 밥 먹게 와라

028 **Come off it!**

집어쳐!, 건방떨지마!

상대방이 뻔한 거짓말을 하는 경우에.

029 **Come on in**

어서 들어와

문을 열어주며 어서 들어오라고 할 때

030
Come on!

1. 어서! 2. 그러지마!, 제발! 3. 자 덤벼!

무지무지 많이 쓰이는 표현으로 주로 상대방을 재촉하거나, 그러지 말라고 부탁할 때 사용한다.

031
Come on, spill it

자 어서 말해봐

spill it은 말하다, 털어놓다. 또한 spill the beans 역시 비밀을 누설하다

032
Come over to my place[house]

우리 집에 들려, 우리 집에 놀러와

come over는 들르다

033
Come to think of it

생각해보니까 말야, 말이 나왔으니 말인데

034
Coming through

좀 지나갈게요, 실례합니다

사람들 사이를 통과해 지나갈 때

035
Consider it done

기꺼이 그러지, 걱정마, 해놓을게

그것이 조치된 것으로 생각하라는 말로 '조치할게'라는 뜻.

036 **Could be better (Things)**

더 좋았으면 좋겠어, (부정적인 답변) 별로야, 그냥 그래

더 좋을 수도 있는데 그러지 못하다는 의미로 상황이 안좋을 때 하는 답변.

037 **Could be worse (Things)**

(긍정적인 답변) 그럭저럭 잘 지내지, 그나마 다행야

반대로 더 나쁠 수도 있는데 그나마 괜찮다라는 말로 상황이 좋을 때 하는 답변.

038 **Could be**

그럴 수도 있지

여기서 could는 가능성, 추측을 뜻한다.

039 **Could have fooled me! (You)**

바보 될 뻔했잖아!

could have+pp는 과거에 그럴 수도 있었지만 그러지 않았다라는 의미.

040 **Could I be excused?**

양해를 구해도 될까요?, 이만 일어나도 될까요?

모임 등에서 자리를 일어날 때 사용한다.

041 **Could I call you?**

나중에 전화해도 될까요?

COMMON
EXPRESSIONS
IN AMERICAN
DRAMAS

042 Could I leave a message?

메모 좀 전해줄래요?

leave a message는 메모를 남기다, take a message는 메모를 받아적다

043 Could you hold?

잠시 기다리세요

044 Could you keep a secret?

비밀 지킬 수 있어?

keep a secret은 비밀로 하다

045 Could you lay off, please?

그만 좀 할래?

lay off = stop

046 Could[Can] you handle it?

처리할 수 있어?, 감당할 수 있어?, 괜찮겠어?

handle = deal with

047 Could[Would] you do me a favor?

내 부탁 좀 들어줄래?

do sb a favor는 …에게 호의를 베풀다

048 Couldn't agree more (I)

정말 네 말이 맞아 , 네 말에 전적으로 동의해

부정어+비교급=최상급

049 Couldn't be better (It)

최고야. 최고로 좋아

더 좋을 수가 없다니까 최고라는 말.

050 Couldn't have been easy (It)

(네게) 쉽지 않았을거야

051 Cut me a break

나 좀 봐줘

cut sb a break는 사정을 봐주다, 기회를 주다

052 Cut me some slack

좀 봐줘, 너무 몰아세우지마

cut 대신에 give를 써도 된다.

053 Cut the crap

바보 같은 소리마, 쓸데 없는 이야기 좀 그만둬

be full of crap은 '헛소리 투성이다.' 그리고 I'm full of crap하면 '쓸데없는 말만 잔뜩 늘어놓았네'가 된다.

001

Dare I say

감히[굳이] 말하자면, …라고 해도 될까

뭔가 제안할 때 혹은 말의 내용에 확신이 없을 때.

002

Deal [It's a, That's a]

그렇게 하자, 좋아, (합의하에) 그래

003

Deal with it

할 수 없지

감당하라는 말, 나아가 문맥에 따라 "정신차려"라는 의미로도 쓰인다.

004

Deep down

사실은

인정하기는 싫지만, 혹은 모르고 있었지만

005

Did I miss it?

내가 놓쳤어?, 내가 못봤니?, 벌써 지나갔어?

무엇을 놓쳤냐고 물어볼 때는 What did I miss?라고 한다.

006 Did things get physical?

섹스하는 상황이 된거야?

get physical은 물리적 힘을 쓰다, 육체적 관계를 맺다(have sexual relations)

007 Did you hear that?

(얘기) 들었지?, 너도 들었니?

008 Did you hear?

너 얘기 들었니?

009 Did you like it?

좋았어?

010 Did you walk out on your family?

넌 가족을 버렸어?

walk out on sb는 필요로 하는데도 버리고 가다, 가버리다

011 Didn't seem really wild about you

널 그렇게 좋아하는 것 같지 않았어

be wild about~은 …에 대해 무척 들뜨다, 막 흥분되다, 좋아하다, 반대로 be not wild about ~은 …을 좋아하지 않다, …을 원치않다

012

Do damage control

피해를 최소화해라, 인기 관리를 해라

do damage control은 피해를 입은 후에 피해대책을 세우다, 수습관리를 하다라는 의미.

013

Do I have to do that?

내가 꼭 그래야 돼?

014

Do I have to remind you I quit?

내가 그만뒀다는 걸 다시 말해줘야겠어?

Do I have to remind you (that) S+V?는 내가 …을 기억나게 해줘야 되겠어?, …을 다시 말해야겠어?

015

Do I have to spell it out (for you)?

도대체 어떻게 해야 이해가 되겠니?

spell out은 분명히 말하거나 설명하다

016

Do I know you?

저 아세요?, 누구시죠?

017

Do I look like I was born yesterday?

내가 그렇게 어리숙해보여?

내가 어제 태어난 것처럼 보이냐라는 의미.

018
Do I make myself clear?

내 말 알아 들었지?, 내 말 이해하겠어?

make oneself clear는 …의 의견을 분명히 하다

A-F

G-I

J-R

S-Y

019
Do it right

제대로 해

020
Do you have time?

시간 있어요?

Do you have some time?이라고 해도 된다.

021
Do you have a problem with me?

나한테 뭐 불만있는 거야?, 내 말에 뭐 문제라도 있어?

022
Do you have a problem with that?

그게 뭐 문제있어?, 그게 불만야?

023
Do you have a search warrant?

수색영장 있어요?

search warrant는 CSI 등 수사물에 등장하는 표현으로 수색영장을 뜻한다.

024 Do you have to do that?

꼭 그래야 돼?

025 Do you hear me?

1. (내가 한 말) 알았지? 2. (무선통신) 내 말 들려?

026 Do you hear that?

그 말 들었어?

027 Do you mind?

그만해줄래?, 괜찮겠어?

상대방의 말과 언행에 화가 나서 그만해달라고 할 때 혹은 상대방의 의사를 물으면서 괜찮겠어라고 할 때 쓰면 된다.

028 Do you read me?

내 말 들려?, 무슨 말인지 알겠어?

특히 무선통신에서 주로 쓴다. 예로 "무선통신입니다. 내 말 들려요?"는 This is a radio check. Do you read me?라고 한다.

029 Do you suffer from insomnia?

불면증에 시달려?

suffer from~은 …의 고통을 겪다, …병을 앓다

030 Do you swear to tell the truth?

진실만을 말할 것을 맹세합니까?

swear to+V는 …할 것을 맹세하다

031 Do you want some more?

더 들래?

Do you를 빼고 Want some more?라고 해도 된다.

032 Do your homework

사전준비를 해라

do one's homework on~은 '…에 대한 사전준비를 하다,' 여기서 homework는 사전준비

033 Do your job

네 일이나 잘해

034 Do your stuff!

네 솜씨를 보여줘!, 네가 잘하는거 해봐!

035 Do yourself a favor

너 자신을 (위해) 생각 좀 해봐

스스로에게 호의를 베풀라는 말은 스스로를 생각하라는 의미.

036 Does it matter?

그게 중요해?, 그게 무슨 상관이야?

matter는 동사로 '중요하다'라는 의미.

037 Does it still hurt?

아직도 아파?

038 Does it[that] work for you?

네 생각은 어때?, 너도 좋아?, 너한테 괜찮아?

특히 약속 등을 정할 때 특정한 시간이 괜찮냐고 물어볼 때 많이 쓰인다.

039 Does this have anything to do with you?

이게 너와 무슨 관련이 있어?

have anything to do with sb는 …와 무슨 관련이 있다

040 Doesn't fit

아귀가 들어맞지 않아, 앞뒤가 맞지 않아

앞에 It이 생략된 것으로 보면 된다.

041 Doesn't make it right (It)

그렇다고 그게 옳은 것은 아냐

sth doesn't make it right은 그걸 정당화하지 못하다. 그리고 sb make it right은 …을 바로 잡다

042

Doing okay?

잘 지내?, 괜찮어?

앞에 You가 생략된 것으로 보면 된다.

043

Don't be that way

너무 그러지마

044

Don't give away the farm

필요이상으로 양보하다, 메인은 놔둬

협상 등에서 미리 양보하거나 복안을 꺼내 보이지 말라고 할 때.

045

Don't go there

그 얘기 하지마

글자 그대로 그곳에 가지 말라는 뜻도 되지만, 비유적으로 뭔가 꺼내기 싫은 얘기를 상대방이 꺼낼 때 하는 말. go는 where, there 등 장소를 뜻하는 단어와 어울려 비유적으로 쓰일 때가 많다.

046

Don't put yourself down

자신을 낮추지마

put oneself down은 자기를 낮추다. put sb down은 …을 비난하다

047

Don't put yourself through that

그걸 겪지 않도록 해

put through sth은 …을 경험하다. 겪다

048
Don't remind me

그 얘기 꺼내지마, 생각나게 하지마

049
Don't ask me

나한테 묻지마, 나도 몰라

050
Don't be a baby

어린애처럼 굴지마

달리 표현하자면 Act your age

051
Don't be a smart-ass

잔꾀 부리지마, 건방지게 굴지마, 잘난 척 하지마

smart ass는 부정적 의미로 '건방진 녀석'이라는 의미.

052
Don't be judgmental

비난하지마

judgmental은 비난을 잘하는, 비판적인

053
Don't be ridiculous

바보같이 굴지마

비슷한 표현으로 Don't be silly가 있다.

054

Don't be so hard on me

내게 너무 심하게 하지마

be so hard on sb는 …을 몹시 심하게 대하다

055

Don't be so hard on yourself

너무 자책하지마

자신을 혹독하게 대하다라는 말은 자책하다라는 의미.

056

Don't be so sure

모르는 소리

057

Don't be upset!

화내지마!

058

Don't beat around the bush

말 돌리지마, 핵심을 말해

beat around the bush는 핵심을 찌르지 못하고 돌려서 말하다라는 의미.

059

Don't bitch about it

그거 가지고 징징대지마

bitch about은 …에 대해 불평하다라는 말로 여기서 bitch는 동사로 쓰인 경우.

060 Don't bite my head off!

나한테 화내지마!

bite one's head off는 (이유없이) 신경질 내다, 갑자기 화를 내다

061 Don't blame me

나한테 그러지마

blame은 비난하다, 책임을 지우다

062 Don't blow me off

나 무시하지마

blow sb off는 '…을 무시하다,' 혹은 '…을 바람맞히다'

063 Don't bother

소용없어, 신경쓰지마, 괜한 고생하지마, 그럴 필요없어

064 Don't call me names!

험담하지마!, 욕하지마!

call sb(not sb's) names하게 되면 이름을 부르는게 아니라 험담하다, 욕을 하다

065 Don't chicken out

꽁무니 빼지마, 겁먹지마

chicken은 겁쟁이라는 단어로 사용된다.

066

Don't complain about it

불평하지마

complain about[of]~은 …을 불평하다

067

Don't cuss at me!

내게 욕 좀 하지마!

cuss는 욕하다. 그리고 cuss sb out은 호되게 꾸짖다, 욕을 퍼붓다

068

Don't disappoint me

실망시키지마

Don't let me down이라고 해도 된다.

069

Don't do anything I wouldn't do

내가 안 할 것 같은 일은 너도 하지마

070

Don't do that

제발 그러지마

071

Don't drag this out

질질 끌지마

drag sth out은 …을 질질 끌다. 그리고 drag sb out은 …을 끌어내다

072
Don't dump your problems into my lap

네 문제를 내가 책임지게 하지마

dump sth in sb's lap은 '…를 …가 책임지도록 하다'

073
Don't even think about (doing) it

꿈도 꾸지마, 절대 안돼

even은 여기서 강조어이다.

074
Don't ever tell me that I don't belong here

내가 여기 사람아니라고 말하지마

Don't tell me (that)~은 '…라고 말하지마,' '설마 …라는 얘기는 아니겠지?'

075
Don't fall for it

1. (속아) 넘어가지마 2. 사랑에 빠지면 안돼

fall for는 멍청하게 속아 넘어가거나, 사랑에 빠지는 것을 말한다.

076
Don't feel so bad about it

너무 속상해하지마, 너무 맘아파 하지마

077
Don't fret!

걱정하지마!, 너무 초조해하지마!

fret은 계속해서 걱정하는 것을 뜻한다.

078 **Don't get carried away**

너무 흥분하지마, 너무 신경쓰지마

get carried away는 흥분하다. 혹은 자제력을 잃을 정도로 몰입하다라는 뜻이 된다.

079 **Don't get hung up on it**

너무 신경쓰지마

get[be] hung up on[about]~은 잊지못하다, 매우 걱정하다, 신경쓰다, 그리고 hang up on sb는 전화를 도중에 끊다(cut off one's phone call)라는 의미.

080 **Don't get mad (at me)!**

열받지 말라고!

081 **Don't get me started**

난 빠질래, 그 얘긴 꺼내지도 마

꺼내지 말라는 얘기가 뭔지도 함께 말하려면 Don't get me started on sth이라고 하면 된다

082 **Don't get me wrong**

오해하지마

083 **Don't give it a second thought**

걱정하지마, 두번 생각할 필요없어

084

Don't give me that!

그런 말매, 변명하지매!

상대방이 거짓말을 하거나 변명을 할 때 화를 내면서 하는 말.

085

Don't give up too easily

너무 쉽게 포기하지마

give up은 포기하다

086

Don't go behind my back

뒤통수치지마

go behind one's back은 …의 뒤통수를 치다

087

Don't hang up

전화 끊지마

hang up은 전화를 끊다. 그리고 hang up on sb하게 되면 통화중에 일방적으로 전화를 끊다는 뜻이 된다.

088

Don't hold your breath

기대하지마, 기다리지마

hold one's breath는 기대감에 숨을 참는다라는 말로 이를 부정하면 기대하지마라는 문장이 된다.

089

Don't hurry

서두르지 마

090 Don't I know it?

그런 것쯤은 말 안 해도 나도 알아

상대방이 자신도 아는 것을 말할 때 쓰는 표현으로 그냥 Don't I know it하게 되면 '정말이야'라
는 의미가 된다.

091 Don't kid yourself

장난해?

092 Don't lead me down the garden path

날 속이지마

lead sb down the garden path는 예전 저택의 미로같은 정원을 떠올리면 되는 것으로 '…을
의도적으로 속이라'라는 뜻이다.

093 Don't let him take Sara

걔한테 새라를 뺏기지마

Don't let him+V~는 걔가 …하지 못하게 해

094 Don't let it bother you

너무 신경 쓰지마, 그냥 무시해

095 Don't let it happen again

다신 그러지마

다신 그러지 않도록 하겠다고 할 때는 I won't let it happen again.

096

Don't let me down

(믿었던 상대방이 실망시켰을 때) 날 실망시키지마

그럼에도 실망시켰을 때는 You let me down이라고 한다.

097

Don't look at me

내가 안 그랬어, 나 아니야

그런식으로 날 쳐다보지말라고 할 때는 Don't look at me like that이라고 한다.

098

Don't make a big deal out of it

과장하지마

make a big deal out of~는 …을 과장하다

099

Don't make a scene

소란피우지마

make a scene은 소란피우다

100

Don't make me feel bad

나 기분 나쁘게 하지마

Don't make me~는 날 …하게 하지마

101

Don't make me laugh!

웃기지 좀 마!, 바보 같은 얘기 하지마!

102

Don't make me say it[tell you] again!

두 번 말하게 하지 말라구!

103

Don't make this hard for me

이걸 더 힘들게 만들지 말아줘

make it hard to+V는 '…하는 것을 어렵게[힘들게] 하다'

104

Don't mess with me

나 건드리지마

mess with sb는 건드리다, 속이다, 골리다

105

Don't mind if I do

그럼 기꺼이, 좋아 (제안에 긍정적으로 답하면서) 그래도 된다면야

앞에 'I'가 생략된 것으로 보면 된다.

106

Don't mind me

난 신경쓰지마, 신경꺼, 없다고 생각해

107

Don't pass up your chance

기회를 놓치지 마라

pass up one's chance는 기회를 날리다, 놓치다

108 Don't play dumb with me

날 바보 취급하지마, 내가 바보같아

play dumb[coy] with sb는 '…을 바보 취급하다'

109 Don't play games with me

날 갖고 놀 생각마, 나한테 수작부리지마

play games with sb는 …을 갖고 놀다, 수작부리다

110 Don't push!

몰아 붙이지마!, 독촉하지마!

push 다음에 me를 넣어도 된다.

111 Don't push your luck!

너무 행운을 믿지마!, 너무 설치지마!

push 대신에 press를 써도 된다.

112 Don't say it!

(상대방의 말을 끊으며) 그만해!, 말하지마!

113 Don't screw with me

나한테 장난치지마

screw with sb는 속이다, 장난치다, 화나게 하다

114

Don't spy on me

날 훔쳐보지마

spy on은 몰래 보다, 감시하다

115

Don't stay away so long

자주 좀 와

너무 오랫동안 멀리하지 말라는 얘기니까 자주 오라는 문장이 된다.

116

Don't sweat it!

걱정하지 마라!, 그런 일로 진땀빼지마!, 신경쓰지마!

별일 아니니 땀흘리지 말라는 표현.

117

Don't take it out on me

내게 분풀이 하지마, 왜 나한테 화풀이야

take it out on sb는 …에게 분풀이하다

118

Don't take it personally

기분 나쁘게 받아들이지마

119

Don't take no for an answer

상대방이 거절해도 끈질기게 설득해라

상대방의 답으로 'no'을 받아들이지 말라는 것으로 끈질기게 설득해서 'yes'란 답을 이끌어내라는 말.

120
Don't tell a soul

소문내지마, 무덤까지 가져가

여기서 soul은 사람을 말한다.

121
Don't tell me!

설마!

Don't[Never] tell me는 (상대방 말이 말도 안되는 말이라며) 설마, …아니겠지

122
Don't tell me what to do!

나에게 이래라 저래라 하지마!

123
Don't try to pin it on me!

나한테 뒤집어 씌우지마!

pin sth on sb는 …을 …에게 뒤집어 씌우다

124
Don't waste your time

시간낭비하지마, 시간낭비야

waste one's time은 시간을 낭비하다

125
Don't work too hard

너무 무리하지 말구

헤어질 때 인사말로 많이 쓰이는 표현.

126 Don't worry

걱정마, 괜찮아, 미안해할 것 없어

127 Don't you dare bail on me

약속깨지마

bail on은 특히 데이트 등의 약속을 어기다, 바람맞히다

128 Don't you dare!

당치도 않아!, 까불지마!

Don't you dare+V는 멋대로 …하지마라, 단독으로 Don't you dare!하면 상대방의 행동을 저지할 때 사용한다.

129 Don't you get in the middle of us!

우리 일에 끼어들지마!

get in the middle of~는 개입하다, 끼어들다

130 Don't you know?

몰랐어?

131 Don't you see?

모르겠어?, 그거 몰라?

53

132

Drop by for a drink (sometime)

(언제) 술 한잔하게 들러

drop by는 예고없이 잠깐 들르는 것을 말한다.

133

Drop me a line

연락해

편지나 이멜 등으로 연락을 하다.

134

Drop your weapon!

총 버려!, 무기 버려!

135

Duly noted

(무슨 말인지) 알아

formal한 표현으로 상대방의 말을 '잘 알아들었어,' '확인해볼게'라는 의미.

미드영어 대표표현

COMMON
EXPRESSIONS
IN AMERICAN
DRAMAS

E-F

A-F

G-I

J-R

S-Y

001

Easier said than done

말이야 쉽지

be easy to talk, but more difficult to actually do something이라는 말

002

Easy does it

1. 천천히 해, 조심조심 2. 진정해

003

End of discussion

토론 끝, 더이상 왈가왈부하지마

명사형으로 된 문장.

004

End of story

이야기 끝, 더 이상 할 말없음

005

Eric doesn't have a prayer of passing the math exam today

에릭은 오늘 수학시험 통과할 가능성이 없어

don't have a prayer of ~ing하게 되면 주어가 …할 가능성이 없다

006 **Everything okay?**

잘 지내지?, 일은 다 잘 되지?

앞에 'Is'가 생략된 것.

007 **Everything's gonna be all right**

다 잘 될거야

008 **Excuse me**

실례지만, 미안

009 **Excuse me?**

(불만) 뭐라구?, 다시 말해줘?

비슷한 표현으로는 Come again?, I'm sorry? 등이 있다.

010 **Fair enough**

좋아, 됐어, 이제 됐어, 그만하면 됐어

상대방의 제안에 답변을 할 때

011 **Fancy that!**

설마!, 도저히 믿지지 않는다!

A-F

G-I

J-R

S-Y

012

Far be it from me to call her a liar,

걔를 거짓말쟁이라고 부를 맘은 조금도 없지만,

far be it from me to+V는 반대나 비난하기 전에 '…할 마음은 조금도 없지만,' '…할 생각은 추호도 없지만'이라는 의미의 표현.

013

Feel free to ask

뭐든 물어봐, 맘껏 물어봐

Feel free to+V는 맘대로 …해라, 편안하게 …해라

014

Fill in the blanks

빈칸을 채우시오, 네가 맞춰봐

fill in the blanks는 빈칸을 채우다라는 뜻으로 비유적으로 상상으로 채우다라는 의미로도 쓰인다.

015

First thing's first

중요한 것부터 먼저 하자

016

Follow your heart

마음가는대로 해라

017

For crying out loud!

이거 참!, 제발 좀!

화가 나거나 조급해 할 때

018
For here or to go?

여기서 드실 겁니까, 가지고 가실 겁니까?

앞에 Is that~이 생략된 것으로 보면 된다.

019
For Pete's[God's/Heaven's/Christ's] sake!

제발!, 지독하네!, 너무 하는 구만!

020
For shame

부끄러운 줄 알아야지, 창피한 일이야

부끄러운 짓을 한 상대방에게

021
For sure

맞아, 확실해, 물론야

앞에 That's~가 생략되었다.

022
for what it's worth

맞는지 모르겠지만, 어쨌든, 그건 그렇다치고

023
Forget it!

잊어버려!, 됐어!

about를 넣어서 Forget about it!이라고 해도 된다.

Fork over some cash

현금 좀 내

fork (it) over는 돈을 주다[내다]

From what I hear

내가 들은 바로는, 내가 듣기로는

hear 대신에 과거형 heard를 써도 된다.

Fucking A

대단해, 동감이야, 맞아

Fucking your brains out?

격렬하게 섹스를 하느라고?

A: I can't work with that guy.

B: Don't give me that shit.

A: I'm serious, he's such a <u>control freak</u>.

> A: 그 사람이랑 같이 일 못하겠어.
> B: 그 따위 소리 하지 말라구.
> A: 진짜로 하는 말이야. 그 인간은 통제하는 데 환장한 사람이라니까.

★control freak
control freak (부정적 의미로) 지나치게 통제하는 사람. 원래 freak은 '또라이'에 해당되는 것으로 「특이하고 이상한 사람」이란 의미지만 film freak(영화광)처럼 '~freak'의 형태로 「···에 심하게 집착하는 사람」을 뜻하기도 한다.

A: We just lost a million dollars on that deal.

B: Come again?

A: I went over the figures last night and it turns out that we lost <u>that much</u> money.

> A: 우리 그 거래에서 백만 달러를 손해봤어요.
> B: 뭐라구요?
> A: 지난 밤에 꼼꼼히 계산을 해보니까 그만큼 손해봤다는 결론이 나오더라구요.

★that much
that 양(量)을 나타내는 형용사 much를 수식하는 부사 역할을 하며, that much는 앞에서 말한 백만 달러 (a million dollars)를 대신해 「그만큼」, 「그 정도」를 의미.

A: How are you doing?

B: Couldn't be better! Because <u>I've got a date with</u> Jane this evening.

A: You're sure in a good mood.

> A: 좀 어때?
> B: 최고야! 오늘 저녁에 제인이랑 데이트하기로 했거든.
> A: 너 기분이 정말 좋겠구나.

★I've got a date with
have got a date with sb는 ···와 데이트가 있다

A: <u>Do you mind</u> if I take a look around here?
B: Not at all, **be my guest.**
A: It's very beautiful.

★ Do you mind~
Do you mind if S+V?
는 상대방에게 허락을 구
하는 패턴.

A: 내가 여기 좀 둘러봐도 괜찮겠니?
B: 그럼, 물론이지.
A: 정말 멋지다.

A: Where has Greg been all day?
B: **Beats me,** <u>why don't you</u> ask him?
A: I think I will.

★ why don't you~
Why don't you+V?는
형태는 의문문이지만 상대
방에게 권유나 제안을 하
는 문장이다.

A: 그렉은 하루 종일 어디 있었던 거야?
B: 내가 그걸 어떻게 알아, 걔한테 물어보지 그래?
A: 그럴려구.

A: **Don't let me down.**
B: Don't worry. I'll <u>get it done</u> for you.
A: I appreciate your help.

★ get it done
get it done은 뭔가 빨리
끝내다라는 의미.

A: 실망시키지 마
B: 걱정마. 널 위해서 해낼테니까.
A: 도와줘서 고마워.

G

H

I

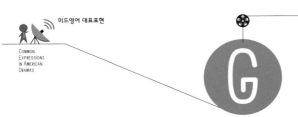

G

001

Game's over

다 끝났어

002

Gee, how could that be?

이런, 어떻게 그럴 수 있어?

How could that be?는 어떻게 그럴 수 있어?

003

Get a grip

진정해

뒤에 on yourself를 넣기도 한다.

004

Get a life!

정신차려!, 인생 똑바로 살아!

상대방에게 철 좀 들고 제대로 된 삶을 살아보라고 질책할 때 사용한다.

005

Get a load of this

이것 좀 (들어)봐

상대방에게 뭔가 보라고 하거나 들어보라고 할 때

A-F

G-I

J-R

S-Y

006

Get a room

방 잡아라

남녀가 과도한 애정표현을 할 때

007

Get a speeding ticket?

속도위반 딱지 끊겼어?

008

Get it out of your system

기존의 생각에서 벗어나봐

009

Get lost!

(그만 좀 괴롭히고) 꺼져라!, 그만 괴롭혀!

Go away!와 같은 맥락의 표현.

010

Get off my back

(귀찮게 하지 말고) 날 좀 내버려둬

get off one's back은 …의 등에서 내려오다라는 것으로 …을 괴롭히지 않다라는 표현이 된다.

011

Get off my tail

귀찮게 굴지말고 나 좀 내버려둬

get off one's tail은 '…의 뒤를 쫓는 것을 그만두다,' '…을 괴롭히는 것을 그만두다'

012

Get on with it

계속해봐

get on with sth은 어려운 일을 시작해서 계속하다

013

Get out of my way

비켜라, 방해하지 마라

014

Get out of town

그만 꺼져, 다른 데로 가버려

015

Get out of here!

1. 꺼져! 2. 웃기지 마!, 말도 안돼!

out of는 빨리 발음나는대로 outta로 표기하기도 한다.

016

Get over yourself!

작작 좀 해라!, 주제파악 좀 해라!

상대방이 잘난 척할 때 혹은 필요이상으로 진지하게 행동을 할 때

017

Get real!

정신 좀 차리라구!

정신줄 놓고 사는 사람에게 쓸 수 있는 표현.

A-F

G-I

J-R

S-Y

018 Get the message?

(무슨 말인지) 알아들었어?

019 Get with the program

정신차리라고

get with the program은 뒤쳐지지 않도록 참여하다, 시작하다

020 Get your act together

기운차려

pull yourself together라고 해도 된다.

021 Get your hands off!

건드리지 매!

022 Get your head out of your ass!

정신 좀 차려래!

get[pull] your head out of your ass는 똑똑히 하다, 정신차리다

023 Give it a break!

그만 좀 하지 그래!

give me a break, cut me a break라고도 한다.

024 **Give it a shot**

한번 해봐

참고로 give sth one's best shot하게 되면 do one's best가 된다.

025 **Give it a try!**

한번 해봐!

give it a shot, give it a whirl 등도 같은 맥락의 표현이다.

026 **Give it to me straight**

솔직하게 말해줘

027 **Give it up!**

그래봐야 시간 낭비야, 그만해!

give up은 포기하다

028 **Give me a break**

1. 좀 봐줘 2. 그만 좀 해, 작작 좀 해

029 **Give me a call**

전화해, 나중에 연락해

030
Give me five!

손바닥 부딪히자!

문맥에 따라서는 5분만 시간을 달라는 의미로도 쓰인다.

031
Give me Rick, please!

(전화에서) 릭 부탁합니다

032
Give my best to your folks

가족들에게 안부전해주세요

033
Give or take a few minutes

대략 그 정도

앞에 말한 숫자가 대강임을 말하며, minutes 대신에 seconds, hours를 써도 된다.

034
Give them what's coming to them

받아야 될 당연한 벌을 줘

get[take] what's coming to sb는 당연한 벌을 받다

035
Glad I caught you (I'm)

때마침 만나게 돼서 반가워

상대방이 어디 가기 전에 도착해서 만나게 돼 기쁘다는 뉘앙스.

036 **Glad to hear it (I'm)**

그것 참 잘됐다, 좋은 소식이라 기뻐

037 **Go easy on me**

좀 봐줘, 살살 해줘

go easy on sth하게 되면 …을 적당히 해라라는 의미.

038 **Go for it**

한번 시도해봐

상대방을 격려하면서 도전해보라고 할 때.

039 **Go get some rest**

가서 좀 쉬어

go 다음에는 and나 to가 생략된 것으로 보면 된다.

040 **Go nuts!**

실컷 놀아봐!

또는 어서 해봐라는 뜻으로 쓰이는 표현.

041 **Go on**

1. 어서 말해 2. (동의, 허가) 그래, 어서 계속해 3. (격려) 자 어서

042

Go to hell!

뒈져라!, 꺼져!, 지옥에나 가버려!, 그만 좀 놔둬!

Go away and leave me alone이라는 의미.

043

Go to your room

나가, 꺼져

특히 어린애들 혼내면서 방으로 들어가 있어라고 말할 때 사용한다.

044

Go with the flow

마음을 가라앉혀, 그냥 내버려 둬, 하는 대로 해

045

Go with your gut

너 끌리는대로 해

go with my gut은 직감에 따라 행동하다, 끌리는대로 하다

046

God (only) knows!

누구도 알 수 없지!

047

God forbid!

그럴 리가!

God forbid S+V!하게 되면 …하는 일은 없기를 바란다는 소망을 표현한다.

048

Going down?

내려 가세요?

엘리베이터 용어.

049

Good for you

잘됐네, 잘했어

상대방에게 좋은 일이 생겨서 축하해줄 때.

050

Good luck to you

행운을 빌어, 다 잘 될거야

051

Good things come in small packages

행운은 작은 일에서 시작돼

052

Good to know

알게 돼서 기뻐

앞에 That's~가 생략된 것.

053

Good to see you

만나서 반가워, 만나서 반가웠어

앞에 It's~가 생략된 표현이다.

054

Good work!

잘했어!, 수고했어!

Nice work!라고 해도 된다.

055

Good running into you

만나서 반가웠어

run into은 우연히 만나다라는 뜻으로 come across, bump into 등이 같은 맥락의 표현들이다.

056

Goodbye for now

그만 안녕

057

Got a minute?

시간돼?, (잠깐) 얘기 좀 할 수 있을까?

앞에 You가 생략된 것으로 보면 된다.

058

Got any advice?

조언해줄게 있어요?

059

Got to run (I've)

서둘러 가봐야겠어, 가야겠어, 빨리 가야 돼

앞에서 I've~가 생략되었다.

060

Gotcha!

1. 잡았다! 2. 속았지!, 당했지! 3. 알았어!

상대방을 놀릴 때 혹은 상대방이 무슨 말을 하는지 이해한다고 할 때.

061

Gross!

역겨워!, 구역질나!

062

Guess what?

저기 말야, 그거 알아

뭔가 흥미로운 얘기를 전할 때 먼저 꺼내는 말로 You know what?과 비슷한 표현이다.

001

Hands on your head!

손들에, 손 머리위로!

002

Hang in there

끝까지 버텨

어려움에 처한 상대방을 격려할 때.

003

Hang on a minute

잠깐만, 끊지 말고 기다려

a minute 대신에 a moment, a second를 써도 된다.

004

Has that ever occurred to you?

그런 생각들은 적 없어?

Has that ever occurred to you that S+V?는 …라는 생각이 든 적 없어?

005

Has the jury reached a verdict?

배심원 평결이 나왔습니까?

reach a verdict은 배심원들이 평결을 내리다라는 표현.

006

Hate to eat and run

먹자마자 일어나긴 싫지만

앞에 'I'가 생략된 것으로 모임 등에서 빨리 일어나면서 하는 말.

007

Have fun

즐겁게 지내

강조하려면 Have much fun이라고 하면 된다.

008

Have a good time

재미있게 놀아, 즐거운 시간이 되기를 바래

009

Have a heart

한번만 봐줘

'한번만 봐줘,' '온정을 베풀라구'라는 의미로 상대방에게 인정과 동정심을 호소할 때 사용된다.

010

Have at it

이제 먹어도 돼, 얼른 해, 해봐

상배당에게 격려하거나 독려할 때.

011

Have it your way

네 맘대로 해, 좋을 대로 해

Suit yourself!라고 해도 된다.

012 Have you been gunning for a promotion?

승진을 노려왔어?

be gunning for sb는 비난할 기회를 노리다. be gunning for sth은 기회를 잡기 위해 노력하다가 된다.

013 He always has it in for me

걘 늘 나를 미워해

have it in for sb는 …에게 원한를 품다.

014 He asked me out

걔가 데이트 신청했어

ask sb out (on a date)은 데이트 신청을 하다

015 He cheated on his wife

걘 아내 몰래 바람을 폈어

cheat on sb는 …을 속이고 바람을 피다

016 He comes on strong

걘 거만해

017 He did a year on probation

걘 보호관찰 1년을 살았어

on probation은 보호관찰중. do는 감옥살이 등의 시간을 보내다.

018
He didn't even stick up for me

걔는 내 편을 들어주지도 않았어

stick up for sb는 다른 사람들과 달리 …의 편을 들어주다

019
He doesn't have a clue

걘 하나도 몰라, 아무 것도 눈치 못챘어

강조하려면 He doesn't even~이라고 하면 된다.

020
He felt trapped

걘 함정에 걸려든 느낌였어

feel[be] trapped는 갇히다, (함정) 걸리다, 빠지다

021
He filled me in

걔가 알려줬어

fill sb in은 …에게 상세한 정보를 알려주다

022
He forced himself on her

걘 그녀를 성폭행했어

force oneself on sb는 강제로 성관계를 맺다, 강간하다

023
He goes out of his way to help me

걘 날 돕기 위해 애를 많이 썼어

go out of one's way to+V는 …하기 위해 많은 노력을 기울이다라는 뜻이다.

024

He got lucky with Cindy

걔, 신디랑 잤대

get lucky with sb는 데이트 상대 등과 잠자리를 하다, 섹스하다라는 의미.

025

He got worked up

걔 열 받았어, 걔 대단했어

get worked up은 열받다라는 의미로 get oneself worked up이라고 해도 된다.

026

He had his way with me

걔는 나와 성관계를 맺었어

have one's way with sb는 작업걸다, (싫어하는 상대와) 성적관계를 맺다

027

He had the runs

걔 설사했어

한 단어로 diarrhea했다는 얘기.

028

He has a thing for her

걘 그 여자를 맘에 두고 있어

has got a thing for라고 해도 된다.

029

He has a score to settle against a guard

걔는 교도관에게 해결해야 될 문제가 있어

settle a score (with~)는 앙갚음하다, 복수하다라는 뜻으로 have a score to settle with [against]~가 되면 …에게 갚아야 할 원한이 있다, 해결해야 될 문제가 있다

He has got a big mouth

입이 엄청 싸구만

He has not committed a crime

갠 죄를 짓지 않았어

commit a crime은 범죄를 저지르다

He has what it takes

그 사람은 소질이 있어

참고로 if that's what it takes to+V는 …하는 것이 운명이라면

He is doing time for murder

살인죄로 복역 중이야

do time은 감옥살이하다, 복역하다

He is Mr. Right

갠 내 이상형이야

He is not boyfriend material

그 사람은 애인감이 아냐

A-F

G-I

J-R

S-Y

036

He is still unaccounted for

깨는 아직도 행방불명이야

unaccounted for는 행방불명의, 설명되지 않은, 참고로 undocumented는 밀입국한

037

He just horned in on the girl I wanted to date

갠 내가 데이트하고픈 애와 데이트를 하려고 했어

horn in on은 (말리는데도) 참견하다, 관련되다

038

He knows we can't nail him

갠 우리가 자기를 체포할 수 없다는 것을 알아

nail sb for~는 …로 …을 체포하다, nail one's ass to the wall은 엄하게 처벌하다, 강력히 벌하다

039

He knows what's what

갠 (뭐가 뭔지) 진상을 알아, (…에 대해) 아주 잘 알아

040

He let it slip that he was love with Jane

갠 제인을 사랑한다는 걸 무심결에 말해버렸어

실수로 말하다라는 뜻으로 let it slip about[that S+V]의 형태로 쓰면 된다.

041

He likes to play the field

깨는 여러 여자를 두루 만나는 걸 좋아해

play the field는 여러 사람을 섭렵하는 것을 말한다.

042

He made a move on me

걔 나한테 작업들어오던데, 그 사람 내게 추근대던데

make a move on sb는 …에게 추근대다

043

He made love to me

그 사람과 난 사랑을 나눴어

make love to sb는 사랑을 나누다로 have sex보다 점잖은 표현.

044

He paid his debt to society

걔는 죄값을 치뤘어

pay one's debt to society는 불법을 저지른 사람이 죄값을 치루다, 복역하다

045

He pleads not guilty

그 사람을 죄를 인정하지 않아

반대로 유죄인정하다는 plead guilty

046

He pulled the rug out from under me

날 곤란하게 만들었어

047

He racked his brain to find a solution

걘 해결책을 찾기 위해 머리를 쥐어 짜냈어

rack[wrack] one's brain to~는 …하기 위해 궁리하다, 머리를 쥐어짜내다, 깊이 생각하다, 골머리를 앓다

048

He set me up

걔가 날 속였어, 함정에 빠졌어

set sb up은 함정에 빠트리다, 속이다

049

He shot his wad

걘 모든 힘을 쏟아 부었어

shoot one's wad는 돈, 힘 에너지 다쓰다, 혹은 사정하다(blow one's wad)

050

He stripped which is why we found him naked

옷벗고 있어서 걜 발견했을 때 나체였어

which is why~는 그래서 …하다, 그것이 …한 이유야

051

He took my breath away

걔 때문에 숨 넘어가는 줄 알았어

052

He took one for the team!

걘 팀을 위해 총대를 맸어!

take one for the team은 팀(전체)을 위해 나서다, 희생하다

053

He wants to take it slow

걔는 천천히 하기를 바래

take it slow는 천천히 하다

054 He was gonna strike up a conversation with Jill

걔는 질과 대화를 시작하려고 했었어

strike up a conversation은 말을 꺼내다, 대화를 시작하다. 참고로 strike up a friendship with~하게 되면 …와 친구가 되다, 친해지다

055 He was head over heels about her

걘 그녀에게 푹 빠져있었어

be[fall] head over heels in love with sb는 …에게 푹 빠지다, 그리고 be[fall] head over heels about sb는 …에게 홀딱 반하다

056 He was out of the picture

걘 더 이상 관심의 대상이 아냐

057 He was taken by surprise

걔는 깜짝 놀랐어, 걔는 예상도 못했어

058 He went overboard

걔가 좀 너무했어, 걔가 좀 심했어

go overboard는 지나치다, 선을 넘다

059 He wiped the floor with her

걘 그녀를 찍소리 못하게 만들었어

wipe the floor with sb는 (경기, 논쟁) 패배시키다, 완전히 압도하다

060
He won't take my calls

내 전화를 안 받으려고 해

take one's call은 전화를 받다. 전화를 하다는 make the call

061
Heads up!

조심해!

heads-up은 경고, 충고

062
Hear me out

내 말 끝까지 들어봐

앞에 Just를 넣어서 강조할 수도 있다.

063
Hear this

이 말 들어봐

Get this와 마찬가지로 뭔가 새로운 정보나 소식을 전달 할 때.

064
He'll get a kick out of it

걘 그걸 무척 좋아할거야

get a kick out of~ing[N]는 무척 좋아하다. …로 기쁨을 맛보다. 그리고 get one's kicks from은 …로 쾌감을 얻다

065
Help me take my mind off things

내가 현재 일들을 잊도록 도와줘

take[get] one's mind off sth[sb]은 불쾌한 일을 잠시 잊어버리다. 그리고 get sth out of one's mind는 잠시 …을 잊다

066 Help yourself

1.(음식) 마음껏 들어, 어서 갖다 들어 2. 마음대로 써

맘대로 하는 대상은 Help yourself to sth의 형태로 쓰면 된다.

067 Her boyfriend was two-timing her

걔의 남자 친구가 양다리 걸치고 있어

two-time은 동사로 양다리를 걸치다

068 Here goes

(어렵고 힘든 일을) 한번 해봐야지, 자 간다

069 Here he comes

저기 오는구만

070 Here it comes

1. 자 여기 있어 2. 또 시작이군, 올 것이 오는 구만

071 Here we are

자 (드디어) 도착했다, 여기 있다

A-F

G-I

J-R

S-Y

072

Here we go

자 간다, 여기 있다, 자 이제 시작해볼까

073

Here we go again

또 시작이군

074

Here you go

자 여기 있어요

075

Here's a thought

좋은 생각이 있어, 이렇게 해봐, 이건 어때?

뭔가 좋은 생각이 났을 때 하는 말.

076

Here's the deal

이렇게 하자, 이런 거야

077

Here's something for you

이거 너 줄려고

상대방에게 뭔가 건네 줄 때.

078 Here's the thing

내 말인 즉은, 그게 말야, 문제가 되는 건

뭔가 중요한 말을 시작할 때

079 Here's to you!

1. 당신을 위해 건배! 2. 너한테 주는 선물이야!

080 He's a dead man

쟨 이제 죽었다

081 He's a has-been

한물간 사람야

082 He's all thumbs

걘 손재주가 너무 없어

손가락 전부가 엄지로 되어 있다는 말로 손재주가 없다는 의미이다.

083 He's always on edge

(안 좋은 일이 생길 걸 예상하며) 걔는 늘 초조해

on edge는 초초한, 위태위태한, 긴장되어 보이는 것을 말한다.

084 He's done everything there is to do in show business

걘 쇼업계에서 잔뼈가 굵은 사람이야

do everything there is to do~는 해야 될 것은 다 해보다, 그리고 know everything there is to know about~은···에 관한 모든 것을 알고 있다, ···에 대해 알아야 될 것은 다 알고 있다

085 He's going out with Jane

그 사람은 제인하고 사귀는 중야

go out with sb는 ···와 데이트하다

086 He's going through a hard time

걘 힘든 시기를 겪고 있어

go through는 경험하다, 겪다

087 He's gone for the day

그 분은 퇴근했습니다

He's done for the day라고 해도 된다.

088 He's gonna ride my ass for the rest of my life

걘 평생 날 힘들게 할거야

ride sb's ass는 ···을 힘들게 하다, 계속 비난을 하다

089 He's gonna[going to] pull it off

걘 잘 해낼거야

pull it off는 해내다, 성공하다

COMMON
EXPRESSIONS
IN AMERICAN
DRAMAS

090 He's having a lover's spat with Julie

걘 줄리랑 사랑싸움을 하고 있어

have a lover's spat with sb는 …와 사랑싸움하다, 여기서는 spat은 옥신각신, 입씨름

091 He's not all there

쟨 정신나갔나봐

092 He's not gonna to pull the plug on his wife

걘 생명유지장치를 떼지 않을거야

pull the plug (on sth[sb])는 (자금부족으로) 그만두다, 손떼다, 중단시키다, 생명유지장치를 떼다

093 He's off the hook

걘 무사히 넘어갔어, 걘 무사해, (상황을) 무사히 넘겼어

갈고리(hook)에서 벗어났다는 말.

094 He's on leave right now

걔 지금 휴가 중이야

be on leave는 휴가중이다

095 He's picking up the pieces

걘 재기 중이야

흩어진 조각들을 주워주워 모은다라는 의미로 다시 회생하다, 재기하다라는 의미가 된다.

A-F

G-I

J-R

S-Y

096 **He's really my type**

그 사람 내 타입이네

097 **Hit me**

(술) 나도 줘

Hit me는 (술 더 마실 때 먹겠냐고 제의를 받을 때) 나도 줘, (카드) 블랙잭에서 딜러에게 카드 한 장 더 달라고 할 때

098 **Hit me up anytime**

언제든 연락해

hit me up은 연락하다, 만나다

099 **Hold it!**

그대로 있어!

100 **Hold on a second**

잠깐만

101 **Hold your horses**

서두르지마

말을 정지시킬 때를 연상해보면 된다. take your time이라고 해도 된다.

102 Hold your tongue!

제발 그 입 좀 다물어!

상대방이 말을 함부로 할 때, Watch your tongue!이라고 해도 된다.

103 Hop in

어서 타

자동차 등에 어서 타라고 할 때

104 Hop to it!

가자!, 서둘러!

서두르라고 하는 뜻으로 Jump to it!이라고도 한다.

105 Hopefully!

바라건대!, 그랬음 좋겠어!

106 How are you doing?

안녕?, 잘 지냈어?

구어체에서 are는 생략되어 발음하기도 쓰기도 한다.

107 How have you been?

잘 지냈어?, 잘 있었어?, 어떻게 지냈어?

마찬가지로 have는 생략되기도 한다.

108 How about a quickie?

가볍게 한번 어때?

quickie는 서론없이 바로 본론으로 들어가 짧게 하는 섹스를 뜻한다.

109 How about Friday?

금요일 어때?

110 How about that!

거 근사한데!, 그거 좋은데!

느낌표(!)에 주의한다. How about that?하면 상대방의 의견을 묻는 문장.

111 How about you?

네 생각은 어때?

112 How are you?

잘 지내?

만났을 때 인사말로도 쓰이지만 얘기하는 도중에 상대방의 상태를 확인할 때도 쓰인다.

113 How can I tell?

내가 어찌 알아?

…인지 내가 어떻게 알아는 How can I tell if S+V?

114 # How can you say that?

어떻게 그렇게 말할 수 있냐?

이해가 안되는 말을 하는 상대방에게.

115 # How can you think like that?

어떻게 그렇게 생각할 수 있어?

상대방의 생각이 말도 안되고 이해가 안될 때.

116 # How come?

어째서?, 왜?

한 단어로 하자면 Why. How come S+V?의 문장으로 물어볼 수도 있다.

117 # How could this happen?

어떻게 이럴 수가 있어?, 이런 일이 있을 수가?

뭔가 예기치 못한 일이 발생했을 때.

118 # How could you do the same thing?

어떻게 똑같은 일을 할 수가 있어?

상대방이 똑같은 짓을 다시 했을 경우.

119 # How could you do this?

어떻게 그럴 수가 있어?

this 대신에 that을 써도 된다.

120

How could you not tell us?

어떻게 우리에게 말하지 않을 수 있지?

말을 안해준 상대방에게 실망하며.

121

How could you say such a thing?

네가 어떻게 그런 말을 할 수 있니?

이해할 수 없는 상대방의 말에 실망을 하며.

122

How dare you accuse me of that!

어떻게 감히 네가 그걸로 날 비난할 수가 있냐!

How dare you+V?는 네가 감히 어떻게 …할 수가 있어?라는 의미.

123

How dare you throw it back in my face?

어떻게 그렇게 뒤통수를 치고 있어?

throw sth back in sb's face는 과거에 잘해준 사람에게 도리어 비난을 하다, 배은망덕하다, 도리어 욕을 먹이다

124

How did he fall in with those guys?

걘 어떻게 그 사람들과 친하게 된거야?

fall in with sb는 친해지다, 친구가 되다(be friends with), 그리고 fall in with sth은 찬성하다(agree)

125

How did it happen?

이게 어떻게 된거야?

이해안되는 내용까지 함께 말하려면 How did it happen S+V?

126

How do you do that?

어쩜 그렇게 잘하니?, 어떻게 해낸거야?

상대방이 놀라운 일을 했을 때 감탄하며.

127

How do you like that?

(놀람) 저것 좀 봐, 황당하지 않냐?, (의견) 어때?

128

How is that possible?

어떻게 그럴 수가 있지?

놀라운 사실을 듣거나 믿기지 않는 일을 들었을 때.

129

How is that relevant?

그게 무슨 관련이 있어?, 그게 뭐가 중요해?

be relevant는 적절하다, 관련있다

130

How is this gonna work out?

이 결과가 어떻게 될까?

How is~work out?은 결과가 …하게 되다

131

How long before you have to leave?

얼마나 있다가 가야 돼?

How long before S+V?는 얼마나 있어야 …해?

132

How long will it take to fix it?

이거 고치는데 얼마나 걸릴까?

How long will it take to+V?는 …하는데 시간이 얼마나 걸려?

133

How many times do I have to tell you?

도대체 몇 번을 말해야 알겠어?

134

How may I help you?

어떻게 도와드릴까요?

135

How much do I owe you?

(식당, 가게 등) 내가 얼마를 내면 되지?, 얼마죠?

내가 얼마나 빚졌냐는 말로 식당이나 가게 등에서 자주 쓰인다.

136

How pathetic!

정말 딱하네!, 한심해!

pathetic은 미드단어로 한심한, 딱한이라는 의미이다.

137

How rude!

참 무례하구만!

참고로 How true!는 정말 그래!, 딱 맞는 말이야!, 맞아!

138 How should I know?

내가 어떻게 알아?, 난 전혀 몰라, 난들 어찌 알겠어?

139 How should I put it?

뭐랄까?, 어떻게 얘기할까?

put it은 express

140 How so?

어째서 그래?

141 How was it with your friends?

네 친구들은 어땠니?

142 How was it?

어땠어?

143 How was your day?

오늘 어땠어?

How is your day?라고 쓰면 안된다.

A-F

G-I

J-R

S-Y

144

How would I go about doing that?

내가 그걸 어떻게 처리해야 할까?

go about+N[~ing]은 (문제, 상황, 일) 다루기 시작하다

145

How would that be?

그러면 어떨까?, 그러면 좋겠어?

146

How would you like to have a drink with me?

나랑 술한잔 어때?

How would you like to+V?는 …하는 게 어때?

147

How's your end of it?

이렇게 하는 네 목적은 뭐야?

148

How'd it go?

어떻게 됐어?, 어땠어?

'd는 did의 축약형이다.

149

How'd you get your hands on this drug?

어떻게 이 약물을 손에 넣었어?

get[lay] one's hands on sth은 …을 얻다, 구하다, 손에 넣다

150 How're you holding up?

이제 좀 괜찮아?

're를 생략하여 How you holding up?이라고도 쓴다.

151 How's it going?

잘 지내?, 잘 돼가?, 어떻게 돼가?

152 How's life treating you?

사는 건 어때?, 살만 해?

life 대신에 the world를 쓰기도 한다.

153 How's that again?

다시 한번 말해줄래?, 뭐라고?

= I'm sorry? = Come again? = Excuse me?

154 How's that for a suspect?

용의자로 어때?

How's that for sth~?은 …를 어떻게 생각해?

155 How's that going?

어때?, 잘 돼가?

156

How's that working out for you?

그러니까 어때?, 너한테 잘 되어가니?

참고로 work out for the best는 다 잘되다라는 의미.

157

How's that?

뭐가 어때서?, 어때?

158

How's the family?

가족들 다 잘 지내?

the 대신에 your를 써도 된다.

159

Hurry up!

서둘러!, 빨리하라구!

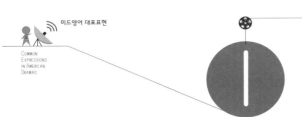
001 **I always have my phone on vibrate**

난 항상 핸드폰을 진동으로 해놔

002 **I am a stranger here myself**

여기가 초행길이라서요, 여기는 처음 와봐서요

003 **I am all ears**

귀 쫑긋 세우고 들을게

be all ears는 경청하다, 신경을 집중해서 듣다

004 **I am all yours**

난 24시간 대기야

005 **I am being helped now**

다른 사람이 봐주고 있어요

누군가 서빙을 해주고 있다고 다른 사람에게 말할 때

006
I am bummed out

실망이야

bummed는 depressed되었다는 말.

007
I am glad to hear it

그것 참 잘됐다, 좋은 소식이라 기쁘다

008
I am going to miss you

보고 싶을거야

009
I am happy for you

네가 잘돼서 나도 기쁘다

상대방이 잘되어서 내가 기분이 좋다는 말.

010
I am making (some) money

돈을 좀 벌고 있어

make money는 돈을 벌다, 돈을 좀 벌다는 make some money

011
I am not supposed to be here

난 여기 있으면 안되는데

be supposed to+V는 …하기로 되어 있다

012

I am not sure about that

그건 잘 모르겠는데

about 대신에 of를 쓰기도 한다.

013

I am over you

너랑은 끝났어, 이제 괜찮아

be over sb는 …을 잊다

014

I am sick of this

진절머리가 나

be sick of~는 …에 질리다, 진절머리가 나다라는 의미이다.

015

I am so busted

딱 걸렸네, 나 큰일났네

bust는 동사로 잡다라는 의미가 있다.

016

I am so humiliated

너무 모욕적이었어, 쪽 팔려 죽겠어, 창피해 죽겠어

017

I am sorry about that

미안해

018
I am sorry to hear that

안됐네

019
I am sorry?

예?, 뭐라고?

= Excuse me? = Come again?

020
I am swamped

나 엄청 바빠, 눈코 뜰 새없이 바빠

일의 늪(swamp)에 빠졌다고.

021
I am totally burned out

완전히 뻗었어

완전히 진이 다 빠졌다고 할 때.

022
I am working on it

지금 하고 있어

work on sth은 …의 일을 하다, …을 먹고 있다 등의 의미로 쓰인다.

023
I beg of you!

제발 부탁해!, 이렇게 빌게!

한 단어로 하자면 Please!

024 **I beg to differ**

내 생각은 달라, 그렇지 않아, 네 말에 동의하지 않아

025 **I blew it**

망쳤어

망치다, 기회 등을 날리다.

026 **I busted my ass to get here**

여기까지 오려고 안간힘을 썼어

bust one's ass to+V는 …하는데 안간힘을 쓰다

027 **I called dibs on her at that party!**

난 파티에서 걔를 찜했어!

get dibs on은 …을 찜하다, call dibs on은 …에 대해 찜을 해두다, …를 찍어두다, 그리고 have got dibs on은 …을 먼저 차지하다, …을 찜하다

028 **I came to apologize to you**

사과하러 왔어

029 **I can deal with it**

감당할 수 있어, 처리할 수 있어, 그래 가능해

deal with = handle

030

I can do that

할 수 있어

that 대신에 this, it 등을 써도 된다.

031

I can hold my head high

난 떳떳할 수 있어

hold one's head high는 떳떳하다, 자랑스럽게 여기다, 거만[도도]하게 굴다

032

I can ill afford a speeding ticket

속도위반벌금을 낼 처지가 아냐

can ill afford~는 …할 입장이 아니다, …할 처지가 아니다

033

I can imagine

무슨 말인지 알겠어, 그래 이해해

034

I can live with that

괜찮아, 참을 만해

can live with that은 that과 함께 지낼 수 있다는 말로 비유적으로 어떤 조건이나 상황을 그 정도면 받아들일 수 있다라는 뜻이 된다.

035

I can make time for you this Friday

이번 주 금요일 시간이 돼

make time은 시간을 내다

036

I can ride it out

(어려움을) 이겨낼 수 있어

ride sth out은 어려운 상황을 참고 견디다라는 의미.

037

I can rise to the occasion

난 힘든 상황을 견뎌낼 수 있어

rise to the occasion은 곤경에 처해서 잘 헤쳐나가다라는 뜻.

038

I can see that you care about him

네가 걔를 신경쓰는구나

I can see that ~은 …임을 알겠다, …이구나

039

I can see that

알겠어, 알고 있어, 알아

040

I can tell

알고 있어, 그렇게 보여

041

I can't afford it[that]

그럴 형편이 안돼, 그럴 여유가 없어

042 I can't believe it!

(놀람) 설마!, 말도 안돼!, 그럴 리가!, 이럴 수가!, 믿기지 않아!

놀라운 소식을 듣고서.

043 I can't complain

잘 지내

불평할 수 없다는 얘기는 잘 지내고 있다는 말.

044 I can't deal with this right now

지금 당장은 나도 어쩔 수가 없어

deal with는 다루다(handle)

045 I can't do this pro bono work anymore

이런 자원 봉사 일은 더는 못하겠어

pro bono는 법률에 관련되어 '무료변론'이라는 의미로 쓰인다.

046 I can't do this[it]

나 이건 못해

047 I can't get ahold of him

연락 정말 안되네

get a hold of라고 쓰기도 한다.

048
I can't get into that right now

나중에 이야기하자

get into는 어떤 화제에 대해 얘기를 하다라는 의미.

049
I can't get over it[this]

정말 놀라워라, 놀랍군, 아직도 못 잊겠어

get over는 극복하다

050
I can't get that moment out of my mind

난 그 순간을 잊을 수가 없어

get sth out of one's mind는 잊다, 그만 생각하다, put sth out of one's mind는 잠시라도 불쾌한 일을 잊으려 하다

051
I can't get through to her

난 걔를 이해시킬 수가 없어

get through to sb는 …에게 이해시키다, …와 말이 통하다, 전화가 통하다, 그리고 get through on~은 …을 이해시키다

052
I can't give specifics

세세히 말하고 싶지 않아, 자세히 말 못해

053
I can't help myself

내 감정을 억제할 수가 없어, 어쩔 수가 없어

054

I can't imagine that

상상도 안돼, 전혀 모르겠어

055

I can't quite put my finger on it

딱히 뭐라고 하지 못하겠어

056

I can't say that I do

내가 한다고 할 수는 없지

I can't say S+V는 …라고 할 수는 없지, …하지는 않았어, …는 아니지

057

I can't say

잘 몰라, 확실히 말 못하겠어

058

I can't take it anymore

더 이상 못 견디겠어

can't take it anymore는 더 이상 못참겠다

059

I can't thank you enough

어떻게 감사해야 할지

060 I can't tolerate it

용납이 안돼, 그러면 안돼

tolerate는 참다, 인내하다

061 I can't[couldn't] hear you

안 들려, 못 들었어

062 I can't[won't] argue with that

두말하면 잔소리지, 물론이지

063 I could do with a beer

맥주를 마시고 싶어

I could do with~는 …을 하고 싶어. 그리고 What I could do with~ ?는 …가 있으면 얼마나 좋을까?

064 I could live without it

없어도 돼, 필요없어

065 I could use a little help here

좀 도와줬으면 좋겠어

could use+N은 …을 얻었으면 좋겠다라는 가정법 표현.

066

I couldn't think straight

제대로 생각을 할 수가 없었어

think straight는 제대로 생각하다

067

I couldn't agree with you more

정말 네 말이 맞아

부정어+비교급= 최상급

068

I couldn't ask for more

최고예요, 더이상 바랄 게 없어요

069

I couldn't ask you to do that

(고맙지만) 그러지 않아도 돼

정중한 사양의 표현.

070

I couldn't care less

알게 뭐람 (전혀 관심없다)

I couldn't care less if~하게 되면 역시 '…이든 아니든 난 상관없어' 또는 '개의치 않아'라는 의미이다.

071

I couldn't have said it better

동감이야, 더 이상 어떻게 말을 해, 진짜야

역시 부정+비교급은 최상급표현이 된다.

072 I couldn't keep a straight face

웃음을 참을 수 없었어

073 I dialed your number by mistake

잘못 전화했어요

by mistake는 실수로

074 I did a double take

놀라 다시 한번 쳐다봤어, 깜짝 놀랐어

075 I did it for a good reason

난 선의로 그걸 했어

076 I did it out of spite

난 분풀이로 그랬어

out of spite는 악의로, 분풀이로, 일부러 화나게 하려고

077 I did it wrong

내가 잘못했어, 내가 실수했어

078
I did it!

해냈어!

상대방 보고 해냈구나라고 하려면 You did it!

079
I didn't catch what you said

무슨 말인지 못 알아들었어요, 잘못 들었어요

여기서 catch는 understand

080
I didn't hear that

못 들었어

081
I didn't know that

전혀 몰랐었어, 몰랐네, 모르고 있었지 뭐야

082
I didn't mean it

고의로 그런 건 아냐

083
I didn't mean to do that

그럴려고 그런 게 아니었어

084
I didn't see that coming

그럴 줄 몰랐어

see that coming은 그럴 줄 알았다

085
I didn't want to mess with his head

난 걔를 열받게 하고 싶지 않았어

mess with sb's head는 많이 화나게 하거나 혼란스럽게 하다

086
I do not know a thing

난 아무 것도 몰라

do not은 don't의 강조표현

087
I do this all the time

난 늘상 이래, 늘상 하는 일이야

088
I don't know what to do with myself

어떻게 해야 할 줄 모르겠어

I don't know what to do with sth은 …을 어떻게 해야 할 줄 모르겠어

089
I don't know where this is coming from

이게 무슨 말인지 모르겠어

where이 come, go 등의 동사와 어울리면 문맥에 따라 비유적으로 쓰인다.

A-F

G-I

J-R

S-Y

090
I don't know where you're going with this

이걸로 뭘 말하려는지 모르겠네

091
I don't believe it

사실이 아니잖아, 못믿어

I don't believe this!는 원치 않는 혹은 뭔가 이상한 상황에서 이건 말도 안돼!

092
I don't blame you

그럴 만도 해, 네가 어쩔 수 없었잖아

blame을 '비난'이라고만 생각하는 경우에는 해석이 잘 안될 수도 있다.

093
I don't buy it

못 믿어

buy = believe

094
I don't care (about it)

상관없어, 신경안써

095
I don't feel like it

됐어, 사양할래

상대방의 권유나 제안에 거절할 때.

096 I don't feel up to it

나 그거 못할 것 같아

feel up to sth[~ing]은 주어가 to 이하를 할 수 있는지 여부를 말할 때.

097 I don't follow (you)

무슨 말인지 모르겠어, 무슨 말인지 잘 이해 못하겠어

098 I don't get high

난 약 안해

get high는 술, 마약에 취하다, drug high는 마약에 흥분한 상태

099 I don't get it[that]

모르겠어, 이해가 안돼

get = understand

100 I don't give a shit

알게 뭐야

더 심하게 말하려면 I don't give a fuck.

101 I don't have time for this

이럴 시간 없어

상대방의 요청을 거절할 때.

102

I don't know about that

글쎄, 잘 모르겠어

103

I don't know what else to do

달리 어떻게 해야 할지 모르겠어

104

I don't know what I'm doing

어떻게 해야 할지 모르겠어

105

I don't know what the big deal is

왜 호들갑이야, 뭐가 문제인지 모르겠어

not see[get, know] what the big deal is는 '뭐가 큰일인지 모르겠다'라는 뜻으로 역시 별일 아니다라는 것을 강조하는 표현이다.

106

I don't know what to do

어떻게 해야 할지 모르겠어

107

I don't know what to make of it

무슨 일인지 모르겠어

don't know what to make of it은 어떻게 생각해야 할지 모르겠다, 무슨 일인지 모르겠다.

108

I don't know what to say

뭐라고 말해야 할지

상대방에게 감사할 때 혹은 실망하여

109

I don't know what you are getting at

무슨 말을 하려는건지 모르겠어

What are you getting at?은 무슨 말 하려는거야?

110

I don't know what you mean

그게 무슨 말이야

111

I don't know what's keeping him

걔가 왜 늦어졌는지 모르겠어

112

I don't like it

싫어, 그러지 말자

113

I don't make it with guys at concerts

난 콘서트장에서 섹스하지 않아

make it with sb는 …와 섹스하다, 비슷한 표현으로는 get off with, be[get] in bed with, spend the night with~ 등이 있다.

114 **I don't mean to do that**

그럴 생각은 없어

115 **I don't see it that way**

난 그렇게 생각하지 않아, 그런 것 같지 않아

that way는 그런 식으로

116 **I don't see that**

난 그렇게 생각 안하는데, 그런 것 같지 않아

117 **I don't see that happening**

그렇게는 안될 걸

118 **I don't see why not**

그럼, 안 될 이유가 어딨어

Why not?의 긍정적인 의미인 그러지 뭐, 안되게 뭐 있어?라는 의미와 동일한 표현.

119 **I don't see why this bugs you**

왜 이것 때문에 네가 괴로워하는지 모르겠어

I don't see why S+V는 왜 …인지 모르겠어

120 I don't suppose you know her phone number, do you?

재 전화번호를 모르고 있죠?

I don't suppose you~는 …은 아니죠?

121 I don't think so

그런 것 같지 않은데, 그렇지 않아, 아닐 걸

122 I don't throw myself at her

난 걔한테 집적대지 않아

throw[fling] oneself at sb는 집적대다, 육탄공세를 펼치다, 추파를 던지다, 들이대다

123 I don't understand

왜 그런지 모르겠어, 알 수가 없네

뒤에 it을 넣어 I don't understand it이라고 해도 된다.

124 I don't want to freak him out

재를 놀래키고[기분상하게 하고] 싶지 않아

freak sb out은 …을 질겁하게 하다, 놀래키다

125 I don't want to get in the way

방해되고 싶지 않아

get in the way는 방해하다로 stand in the way라고 해도 된다.

126
I don't want to leave you high and dry

네가 힘든데 모른 척하기 싫어

127
I don't want to rain on your parade

산통깨기 싫은데

rain on은 남에게 불평하다. 그리고 rain on one's parade는 …의 일을 망치다. …의 하루를 망치다. 산통깨다

128
I don't want to wear out my welcome

너무 실례되는게 아닌지 몰라

wear out one's welcome은 주인의 환대를 다 닳아지게 하다라는 말로, 너무 오래 있어 그만 일어나려고 할 때 쓰는 표현이다.

129
I don't want you to take sides

너는 편을 들지마

take one's side는 어느 한 쪽 편을 들다. pick sides는 편을 들다. 그리고 be on sb's side는 …의 편이다

130
I doubt it

과연 그럴까?, 그럴 것 같진 않아

131
I dumped him

내가 걜 찼어

dump는 버리다. 차버리다

132 I expect you to do what you always do

난 네가 항상 하던 식으로 하기를 바래

do what you always do는 늘 하던 식으로 하다, 늘 그런식으로 하다

133 I feel the same way

나도 그렇게 생각해, 나도 그래

134 I fucked it up

내가 망쳤어

fuck~up은 …을 망치다, 그르치다

135 I gave up, like, everything. And for what?

음, 다 포기했어, 뭘 위해?

give up은 포기하다

136 I get that a lot

그런 얘기 많이 들어

get that a lot은 많이들 그렇게 말하다, 그런 얘기 많이 듣다

137 I get the picture

알겠어, 이해됐어

get the picture = understand

138

I get the point

무슨 말인지 이해했어

I get your point 역시 무슨 말인지 알아들었어, 알겠어

139

I get what you're saying

무슨 말인지 알겠어

get = understand

140

I give you my word

내 약속할게

141

I got a craving that I can't put off

도저히 참을 수 없이 먹고 싶은게 있었어

have[get] a craving for[that~]는 (주로 먹는 것을) 열망[갈망]하다, 먹고 싶어 죽겠다

142

I got a crush on you

난 네가 맘에 들어

crush는 일시적으로 반하는 것을 말한다.

143

I got a tail

미행이 붙었어

have a tail은 미행이 붙다, put a tail on은 미행을 붙이다. 그리고 be on tail on은 미행중이다

COMMON EXPRESSIONS IN AMERICAN DRAMAS

144

I got a thing about this

난 이게 무척이나 좋아

have[get] a thing about[for]은 ~ (이유없이) 몹시 좋아하거나 싫어하다

145

I got back in one piece

무사히 돌아왔어

in one piece는 온전한 상태로, 무사히

146

I got called in

호출 받고왔어

147

I got cold feet

나 자신없어, 용기를 잃었어

get[have] cold feet는 겁먹다, 주눅이 들다

148

I got fired

잘렸어, 해고 당했어

149

I got held up at work

직장에서 일에 잡혀있었어

got held up~은 일이나 교통체증 등으로 꼼짝달싹 못한 상황을 말한다.

150

I got held up behind a traffic accident

교통사고로 꼼짝달싹 못했어

151

I got hooked on TV

TV에 중독됐어

get hooked on~은 …에 중독되다

152

I got it

알았어, 알아들었어, 무슨 말인지 알겠어

153

I got my eye on her

난 걔를 점찍어뒀어

have (get) one's eye on sb[sth]는 눈독들이다, 눈여겨보다, 지켜보다, 탐내다, 점찍어두다

154

I got my heart set on it

나 그거 하기로 했어

have[set] one's heart set on+N[~ing]은 …을 하기로 맘먹다, (굳게) 결심하다

155

I got nothing to show for it

뭐 보여줄 게 없어, 아무런 성과가 없어

have nothing to show for~는 보여줄 성과가 없다, 그리고 There's nothing to show for~는 보여줄 게 없다

156 I got screwed

완전히 속았어, 완전히 망했어

157 I got stuck!

이러지도 저러지도 못했어!

158 I got this covered

내가 알아서 할게

get sth covered는 알아서 처리하다

159 I got this

내가 맡을게

I got this는 이해했어, (벨,전화소리) 내가 받을게, (돈을) 내가 낼게, 내가 알아서 (처리)할게

160 I got to have you

너랑 해야겠어

have sb는 함께 하다, (성적으로) 갖다, 취하다

161 I got to thinking about safe sex

세이프 섹스에 대해 생각을 해봤어

I got to thinking about[that~]은 생각하기 시작하다, …을 고려[궁리]하기 시작하다

162

I got wind of it

그 얘기를 들었어, 그런 얘기가 있더라

get wind of~는 …을 풍문으로 듣다

163

I got wise to their game

난 걔네들 속셈을 알아차렸어

get wise to는 …을 알아내다, 탐지해내다, get wise to what you are doing 네가 하는 일을
알게 되다, 그리고 get wise to him는 그의 속셈을 알게 되다

164

I got your back

네가 뒤를 봐줄게

get sb's back은 …의 뒤를 봐주다, 도와주다, 그리고 get sb back …을 데려다주다

165

I got your number

네 속셈을 알겠어, 네 의중을 알았어

166

I got[have] something for you

네게 줄게 있어

167

I gotta go back to the drawing board

난 처음부터 다시 해야 해

go back to the drawing board는 처음부터 다시 시작하다

168

I gotta hand it to you

너한테 손들었어

hand it to sb는 sb가 워낙 뛰어나서 손들었다라는 표현.

169

I gotta take a leak

오줌 좀 싸야겠어

take a leak[piss]는 (남자) 소변누다, 오줌싸다, 그리고 relieve oneself 역시 소변누다

170

I guess I dropped the ball

내가 큰 실수를 한 것 같아

drop the ball은 실수하다

171

I guess so

아마 그럴 걸

172

I had a bad day

진짜 재수없는 날이야, 정말 운없는 하루였어

173

I had a big day

내겐 오늘 중요한 일이 있었어

174
I had a blast

신나게 놀았어

175
I had a lot on my mind

머리 속이 복잡해

have[get] a lot on my mind는 생각이 복잡하다

176
I had a pretty hectic day

정신없이 바빴어

hectic은 이리저리 막 급하게 돌아다니듯 정신없이 바쁜 상황을 뜻한다.

177
I had a run-in with the manager

매니저하고 한바탕했어

178
I had to go over her head

난 걔를 제끼고 윗사람과 얘기해야만 했어

sb go over someone's head는 …을 거치지 않고 윗사람과 얘기하다. 그리고 sth go over sb's head는 …의 능력 밖이다. 이해가 안되다

179
I hate myself for doing this

이렇게 하고 싶지 않아

180 I hate to admit it, but I like your theory

인정하고 싶지 않지만 네 말이 맞아

181 I hate your guts

정말 너 싫어

hate one's guts는 내장까지 싫어한다는 아주 강한 표현.

182 I have to go

이제 가봐야겠어, (전화) 이제 끊어야겠어

I have got to go라고 해도 된다.

183 I have a feeling it may be sooner than you think

그게 예상보다 빨리 올 것 같아

I have[got] a feeling S+V는 …할 것 같아

184 I have a hunch he's lying to me

걔가 내게 거짓말하는 느낌이 들어

I have a hunch S+V는 …한 느낌이 들어, …인 것 같아

185 I have a lot on my plate

신경쓸 게 많아, 할 일이 많아

have a lot on one's plate는 …가 할 일이 많다.

186
I have a question for you

질문 있는데요

187
I have a taste for danger

난 모험을 즐겨

have a taste for~는 …을 좋아하다, …을 보는 눈이 있다. 그리고 have a taste of~는 음식 등을 조금 맛보다

188
I have a weakness for younger women

난 젊은 여자라면 사족을 못써

have a weakness for~는 …을 좋아하다, 사족을 못쓰다

189
I have company

일행이 있어

여기서 company는 회사가 아니라 일행, 동행, 즉 같이 있는 사람이라는 뜻이다.

190
I have faith in you

난 널 믿어

191
I have feelings for her

난 걔한테 감정이 있어

have feelings for sb는 …을 좋아하다

192

I have got another call

다른 전화가 와서

193

I have half a mind to call my boss

사장에게 전화를 할까

have[get] half a mind to~는 …을 할까(말까) 생각하다, 그리고 have a mind to~는 …할 마음이 있다

194

I have my hands full!

너무 바빠서 다른 일을 할 겨를이 없어요!

195

I have no idea

몰라, 전혀 모르겠어

196

I have no problem with that

난 괜찮아, 전혀 문제없어

197

I have nothing to do with this

난 아무 관련이 없어

have nothing to do with~는 …와 아무 관련이 없다

198
I have to call in sick

오늘 결근한다고 전화해야겠어

call in sick은 아파서 결근한다고 전화하다

199
I have to go make the rounds

회진 돌아야 돼

do (one's) rounds는 회진하다. 그리고 make the[one's] rounds는 회진하다, 둘러보다, 돌다

200
I have to tell you

진지하게 할 말이 있어

뒤에 something을 붙여 I have to tell you something이라고 써도 된다.

201
I have better things to do

시간낭비야, 그걸 할 바에는 다른 걸 하겠어

I have~ 대신 I've got~이라고 해도 된다.

202
I haven't got all day

빨리 좀 해줘, 내가 시간이 없어, 여기서 이럴 시간 없어

급하기 때문에 상대방을 재촉하면서.

203
I haven't seen you in ages!

오랜 만이야, 못본지 오래야!

in ages는 오랫동안

204

I heard about it second hand

전해 들었어

205

I heard Mary is expecting

메리가 임신했대

여기서 expect는 임신하다

206

I hope not!

그러지 말았으면 좋겠다!, 아니라면 좋을텐데!

207

I hope so

그랬으면 좋겠어

208

I hope you don't mind

이해해주길 바래

209

I hope you don't mind me calling you

내가 전화한거 괜찮겠지

I hope you don't mind sb ~ing는 …가 …하는데 괜찮기를 바래

210

I hope you like it

마음에 들기 바래

211

I hoped it wouldn't come to this

이렇게 되지 않길 바랬지만

Does it come to this?는 "이게 말이 돼?"라는 문장.

212

I just can't get past it

그걸 잊을 수가 없어, 아직도 못 잊겠어

get past는 통과하다, 잊다

213

I just can't stand your friends

네 친구들은 정말 지겨워[못 봐주겠어]

can't stand sb는 …을 참지 못하다

214

I just got off with my lawyer

방금 내 변호사와 통화했어

(just) get off with sb는 (방금) …와 통화를 했어

215

I just had a physical

건강 검진을 받았어

get[do, have] a physical은 건강검진받다

216
I just had time to pop in

짬내서 잠깐 들렸어

pop in은 잠시 방문하다, 들르다

217
I just lost my head

좀 허둥댔어, 내가 좀 정신없었어

lose one's head는 화나거나 걱정이 돼서 제대로 된 생각을 하지 못하다

218
I just made a complete fool of myself

내가 아주 멍청한 짓을 했어

make a fool of oneself는 멍청한 짓을 하다

219
I just wanna make things work again

난 일이 다시 제대로 돌아가길 바래

make things work는 일이 돌아가게 하다. 그리고 make it work는 그게 작동하도록 하다

220
I just want to apologize for that

내 사과할게요

apologize for sth은 …에 대해 사과하다. 그리고 apologize to sb는 …에게 사과하다

221
I just want to get it over with

그냥 빨리 끝냈으면 해

get it over with는 빨리 해치우다

222

I just wanted to sneak a peek

난 단지 슬쩍 엿보려는거였어

sneak a peek은 훔쳐보다. 그리고 take[get] a peek은 잠깐 살펴보다

223

I keep bumping into you

자주 만나네, (우연히) 자주 보네

bump into = come across = run into

224

I kept myself busy

그 동안 바빴어, 할 일이 많았어

225

I kept up my end of the bargain

난 약속을 지켰어

keep[hold] up one's end of the bargain은 약속이나 책임을 다하다

226

I knew it

내 그럴 줄 알았어, 생각했던 바야

227

I know a thing or two about it

그거에 대해 잘 알고 있어

228

I know it backwards and forwards

난 그걸 낱낱이 알고 있어

know sth backwards and forwards는 낱낱이 알다, 훤히 잘 알다

229

I know just how you feel

어떤 심정인지 알겠어

230

I know the feeling

그 심정 내 알겠어, 그 기분 이해해, 무슨 느낌인지 알아

231

I know what I'm doing

나도 아니까 걱정하지마, 내가 다 알아서 할게

232

I know what it's like to be a teenager

10대라는 게 어떤 건지 알아

I know[understand] what it's like to~는 …하는 것이 어떤 건지 알아

233

I know what you mean

무슨 말인지 알아, 나도 그렇게 생각해

A-F

G-I

J-R

S-Y

234

I know what you're saying

무슨 말인지 알아

235

I know what you're up to

네 속셈 다 알아

236

I know, the clock is ticking

나도 알아, 시간이 없어

clock is ticking하면 '시간이 부족하다,' '촉박하다'라는 뜻

237

I know[hear] what you're saying

무슨 말인지 알아

know 대신 hear를 쓰면 된다.

238

I like having you here

네가 여기 있어서 좋아

239

I like that

그거 좋은데, 맘에 들어

I'd like that(그럼 좋지)과 혼동하지 말아야 한다.

240 I like this part

난 이렇게 좋더라

like this part는 이 부분을 좋아하다

241 I lost my shirt

알거지가 됐어

lose one's shirt는 (투자나 도박 등으로) 무일푼이 되다, 알거지가 되다, 쪽박차다

242 I lost my train of thought

잠시 정신을 놓았어, 생각이 끊겨버렸어, 하려던 말을 잊었어

lose one's train of thought는 '무슨 말을 하려다가 잊다,' '하려던 말을 잊다'라는 의미.

243 I love it!

정말 좋다!, 내맘에 꼭들어!

244 I made a killing

떼돈 벌었어

make a killing은 큰 돈을 벌다

245 I made a snap judgment

내가 너무 성급히 판단했어

make a snap decision은 성급한 결정을 하다. 그리고 It was a snap judgment는 그건 성급한 판단였어

246

I made it!

내가 해냈어!

쉽지 않은 일을 해냈을 때

247

I make jokes when I'm nervous

난 긴장하면 농담을 해

make jokes는 농담을 하다

248

I may be way out on a limb here

이게 맞는 말인지 모르겠지만

I may be way out on a limb here, but~은 이런 말해도 괜찮을지 모르겠지만

249

I mean it

정말이야, 진심이야, 분명히 말했어

mean it[that]은 진심이다. 정말이다라는 의미.

250

I must be going

그만 가봐야 될 것 같아요

251

I must be off

이제 가봐야겠어

be off는 출발하다

252

I need to hook up with a woman

여자가 있어야겠어

hook up with~는 주로 …와 섹스하다

253

I need to take a day off

하루 좀 쉬어야겠어

take a day off는 하루 쉬다

254

I need your help

도움이 필요해

255

I never heard of such a thing

그런 얘긴 처음 들어봐, 말도 안돼

256

I owe it to my colleagues

제 동료 덕[때문]이에요

owe sth to sb는 …는 …의 덕이다

257

I owe you an apology

내가 사과할게

258

I owe you one

이 은혜를 어떻게 갚아야 할지, 신세가 많아

259

I pity you

네가 불쌍해, 네가 안됐어

pity sb는…을 동정하다, 불쌍해하다

260

I plead the Fifth

묵비권을 행사할게요

plead[take] the Fifth는 (법정에서) 묵비권을 행사하다, 진술을 거부하다

261

I promise you!

정말이야!, 약속해!

262

I pulled a fast one on her

내가 걔한테 사기쳤어

pull a fast one on sb는 …을 속이다, 사기치다, 등치다

263

I really appreciate this

정말 고마워

264

I really lucked out

운 끝내주게 좋네

luck out은 운이 좋다(to be lucky)라는 의미.

265

I screwed up!

완전히 망쳤어!, 내가 망쳤어!

네가 일을 망쳤어!는 You screwed up!이다.

266

I seem to have lost track of it

잊어버린 것 같아, 까먹은 것 같아

lose track of~는 '…을 잊다,' '놓치다,' '소식이 끊기다'

267

I shot my load while I was asleep

나 몽정했어

shoot one's load는 사정하다(ejaculate)

268

I should get going

서둘러 가봐야겠어

269

I shouldn't have done that

그러면 안 되는 거였는데, 내가 왜 그랬을까

shouldn't have+pp는 …하지 말아야 했는데 안타깝게도 하고 말았다

270

I split up with my girlfriend

나 여자친구랑 헤어졌어

split up with sb는 …와 헤어지다

271

I stand corrected

내가 잘못했다는거 인정해, 틀렸다는거 인정해

272

I suckered her into taking the kids for a while

걔한데 사기쳐서 잠시 애들을 돌보게 했어

sucker ~ into~는 사기쳐서 …가 하기 싫은 일을 하도록 하다. 그리고 be[get] suckered into~는 속아서 …을 하다, 말려들다

273

I suggest you take it

그렇게 하도록 해, 그렇게 하면 좋을 것 같은데

274

I swear

맹세해, 약속해, 걱정하지마

I swear는 '맹세해,' '정말야'라는 말로 자기가 하는 말이 진심임을 강조하는 표현이다.

275

I take credit for it

그건 내가 한거야, 내 능력으로 된거야

276

I take full responsibility for that

그거에 대한 모든 책임을 지겠어

277

I take it back

취소할게

take sth back은 취소하다

278

I talked him out of it

걔를 설득해서 못하게 했어

talk sb out of~는 …을 설득해서 …하지 못하게 하다

279

I think I can explain this

내가 이걸 설명할 수 있을 것 같아

280

I think I can manage

괜찮아, 혼자 할 수 있을거야

281

I think I know the answer to that

알 것 같아, 왜인지 알 것 같아

282 I think I pushed myself too hard

내가 너무 무리했나봐

push oneself too hard는 너무 무리하다

283 I think I see where this is going

안봐도 비디오다

see where this is going는 이 상황이 어떻게 돌아가는지 알다, 얘기 안해도 알다

284 I think I will pass

난 사양할게, 난 됐어

(I think) I'll pass는 난 사양할게, 난 됐어. 그리고 I'll pass on~은 난 …은 됐어

285 I think I'll go freshen up

나 바람 좀 쐬어야겠어, 몸단장을 해야 할 것 같아

go 다음에 and나 to가 생략된 것으로 본다.

286 I think I'm about to have a nervous breakdown

신경쇠약에 걸릴 것 같아

nervous breakdown은 신경쇠약, be about to+V는 막 …할 것 같아

287 I think I'm lost

길을 잃은 것 같아

288

I think things are picking up

(사정 · 상황이) 나아질거야

pick up은 상황 등이 좋아지다, 나아지다.

289

I think you've got a concussion

너 뇌진탕인 것 같아

290

I thought for a second that you were on a date

난 잠시 네가 데이트를 한다고 생각했었어

I thought for a second that S+V는 잠시 …라고 생각했다, 그리고 I never thought for a second that~은 한 순간도 …라고 생각해본 적이 없었어

291

I thought we had a deal

얘기가 다 됐다고 생각했는데

I thought S+V는 …한지 알았는데

292

I thought we had an understanding

우리 서로 얘기가 된 걸로 알았는데

293

I throw caution to the wind

난 대담하게 행동을 해, 모험을 해

조심성을 바람에 날려버리다라는 말로 비유적으로 대담하게 행동하다가 된다.

294

I took the hit for the mistake you made

네가 한 실수로 손해를 봤어

take the[a] hit은 손해보다, 다치다, 타격을 받다

295

I took the liberty of declining it

난 내 맘대로 그걸 취소했어

take the liberty of~는 실례를 무릅쓰고 …하다, 제멋대로 …하다, 마음대로 …하다, 허락도 없이 …하다

296

I totally spaced

정신이 딴 데 가 있었나 봐

297

I wanna get it out of the way

난 그 문제를 해결하고 싶어

get it out of the way는 (어려운 문제를) 해결하다, 해치우다, 그리고 get sb out of the way는 (방해가 되니) 없애다, 빼다

298

I wanna get laid

섹스하고파

get laid는 섹스하다

299

I wanna have sex with you

너하고 섹스하고 싶어

300

I wanna make out with my girlfriend

애인하고 애무하고 싶어

make out with sb는 …와 애무하다, 섹스하다

301

I wanna do it right

지금 하고 싶어

do it = have sex

302

I want no part of it

난 그 일에 관여하고 싶지 않아

want no part of~는 …에 관여하고 싶지 않아, 그리고 have no part of~는 …에 관여하지 않는다

303

I want this to happen

이러기를 바래

304

I want to have a fling

번섹 좀 해야겠어

have a fling은 번섹하다, 가볍게 만나 섹스를 하다

305

I want to try to make it up to you

내가 다 보상해줄게

make it up to sb는 …에게 보상하다

I want you to know that I'm dealing with it

내가 지금 처리하고 있다는 걸 알아둬

I want you to know that~은 네가 …을 알아둬, 그리고 I just wanted you to know that~
은 단지 네가 …을 알아줬으면 했어

307 I wanted to keep you in the loop

네게도 알려야겠다고 생각했을 뿐이야

keep sb in the loop = keep sb posted

308 I wanted to play her game

난 걔의 방식에 따르고 싶었어

play sb's game은 …의 방식에 따르다(follow sb's way of doing things)

309 I was a basket case

절망적이었지

310 I was frustrated with you!

너 땜에 맥이 풀렸어!

311 I was just about to say that

안 그래도 그 얘기하려고 했어

be about to+V는 막 …하려고 하다

153

312

I was just wondering

그냥 물어봤어

313

I was nowhere near ready to be a mother

난 엄마가 되려는 생각이 전혀 없었어

be nowhere near sth~은 …와는 거리가 멀다, 결코 …가 아니다. 그래서 be nowhere near ready~하면 …할 준비가 전혀 되어있지 않다

314

I was somewhere else

잠시 딴 생각했어

글자 그대로 어디 다른 곳에 있었다 혹은 비유적으로 '잠시 딴 생각을 하고 있었다'라는 말.

315

I was this close to nailing it

거의 이길뻔 했는데

I was this close to ~ing는 거의 …할 뻔 했다

316

I was told that

(누군가 내게) 그걸 말해 줬어, 그렇게 들었어, 전해 들었어

I was told that S+V는 …라는 얘기[지시]를 듣다

317

I was way off (base)

완전히 잘못 짚었네, 내 생각[행동]이 틀렸네

be way off base는 완전히 틀렸다

318
I was wondering if you wanted to come with

네가 같이 가 줄래?

I was wondering if[whether] S+V는 혹 …해줄래?

319
I was worried sick

무척 걱정했잖아

be worried sick (about)~은 무척 걱정하다(be sick with worry), 그리고 be out of one's mind with worry는 무척 걱정하다

320
I will have my way

내 방식대로 살겠어, 나 좋은대로 살거야

321
I will take you down

널 가만두지 않을거야

take sb down은 때려잡다, 혼내다, 가만두지 않다, 꼼짝 못하게 하다

322
I will try my luck

한번 해봐야겠어

되든 안되는

323
I wish I could, but I can't

그러고 싶지만 안되겠어

324

I wish I was dead

죽었으면 좋겠어

뭔가 잘못하고 나서

325

I won't hold it against you

널 원망하진 않을거야

hold it against sb는 …을 원망하다

326

I won't let it happen again

다신 그런 일 없을거야

다시는 그러지 말라고 할 때는 Don't let it happen again.

327

I won't say a word

비밀은 꼭 지킬게

328

I work for Mr. Truman

트루먼 씨 회사에서 일해

work for sb는 …회사에서 일하다

329

I worked my ass off for you

널 위해 뼈빠지게 일했어

I worked my ass off~는 뼈빠지게 일하다, 죽도록 열심히 일하다

330

I would be lying if I said I wasn't disappointed

내가 실망하지 않았다고 말한다면 거짓말이겠지

I'd be lying if I said~는 …라고 말하면 그건 거짓말이지

331

I would never do anything to hurt you

결코 너를 다치게 할 어떤 일도 하지 않을거야

I would never do anything to+V는 결코 …할 어떤 일도 하지 않을거야

332

I wouldn't be caught dead at the show

그 쇼에는 절대로 나가지 않겠어

I wouldn't be caught dead~는 …는 절대로[죽어도] 하지 않겠어

333

I wouldn't if I were you

내가 너라면 그렇게 하지 않겠어

334

I wouldn't miss it (for the world)

무슨 일이 있어도 꼭 갈게, 꼭 갈게

강조하기 위해 뒤에 for the world를 넣기도 한다.

335

I wouldn't put it past her

걔는 능히 그러고도 남을 사람이야

I wouldn't put it past sb (to+V~)는 …가 충분히 …할 수 있다고 생각해, …는 …을 하고도 남을 사람이야

336

I wouldn't say that

그렇지도 않던데

337

I('ve) got plans

약속이 있어

338

I'll come to that

나중에 얘기해줄게

(sb) come to that은 얘기하다, (새로운 토픽을) 다루기 시작하다

339

I'm sorry but we were just leaving

미안하지만 나가려는 참이었어

340

I'm way out of line!

내가 지나쳤어!

be way out of line는 도가 지나치다

341

I've just never seen it like this

그게 이런 모습은 처음 봐

342
I'd appreciate it if we don't go through this again

다시는 이 일을 겪지 않았으면 좋겠어

I'd appreciate it if S+would ~는 …해주면 고맙지

343
I'd be happy to help you

기꺼이 도와줄게

I'd~ = I would~

344
I'd be the first to go

정말 가고 싶어

345
I'd better get a move on it

빨리 서둘러야겠어

get a move on은 서두르다

346
I'd do anything for you

널 위해서라면 뭐든 할게

347
I'd have to say no

안되겠는데, 아마 안될거야

348

I'd kill for this job

이 일만 할 수 있다면 뭐든지 하겠어

would kill for+N[to do]은 강렬한 소망을 말하는 표현. '뭐든지 하겠다'라는 뜻으로 would do anything~과 같은 의미의 표현이다.

349

I'd like to propose a toast to~

(…을 위하여) 축배를 할게

propose 대신에 make를 써도 된다.

350

I'd rather not

그렇고 싶지 않아

351

I'd rather talk to Chris in person

내가 직접 크리스를 만나 얘기하겠어

I'd rather+V~는 차라리 …할거야

352

If anything happens

무슨 일이 생기면, 만일의 사태가 생기면

353

If I had a nickel for every time he did that

걔는 지겨울 정도로 그랬어

If I have a nickel for every time S+V는 정말 수없이 …했다, 지겨울 정도로 수도 없이 …했다(…할 때마다 5센트를 모았다면 엄청 부자가 되었을거야)

354
If it's not too much trouble

수고스럽지 않다면

355
if that's the case

만약 그렇다면

356
If there's anything you need, don't hesitate to ask

필요한 거 있으면 바로 말해

don't hesitate to+V는 망설이지 말고 …해라라는 의미의 표현.

357
If worse comes to worst

최악의 경우라 해도, 아무리 어려워도

worse 대신에 worst를 쓰기도 한다.

358
If you ask me

내 생각은, 내 생각을 말한다면

359
If you blow up, you'll blow it

화를 내면 일을 망쳐

blow up은 상황이 위험해지다 혹은 매우 화내다라는 표현.

360 If you don't mind

당신이 괜찮다면

361 If you know what I mean

내가 무슨 말 하는지 안다면 말야

362 If you need me, you know where I am

도움이 필요하면 바로 불러

363 If you'll excuse me

양해를 해준다면, 괜찮으면, 실례가 되지 않는다면

364 I'll be around

근처에 있을거야, 난 여기 남아 있을게

be around는 주변이 있다, 주위에 있다

365 I'll be back

다녀 올게, 금방 올게

A-F

G-I

J-R

S-Y

366

I'll be right with you

잠시만, 곧 돌아올게

367

I'll be there for you

내가 있잖아, 내가 힘이 되어줄게

368

I'll be there

갈게

be there = go, be here = come으로 자주 쓰인다.

369

I'll bet

1. (상대방에 동조) 그럴거야, 확실해 2. (빈정) 그러겠지

370

I'll blow your head off

네 머리를 날려보내겠어

blow one's head off는 총으로 머리를 날려버리다, 죽이다, 혼내다

371

I'll boil it down for you

간단히 얘기할게, 요점만 얘기할게

boil down은 요리할 때 양을 줄이는 것처럼 줄여서 요점이나 핵심만 얘기하다

372 I'll call back later

내가 나중에 다시 전화할게

373 I'll catch up with you in the gym

체육관에서 보자

374 I'll do that

(알았어) 그렇게, 그렇게 할게

375 I'll do whatever it takes

어떻게 해서라도 할게

whatever it takes는 "무엇이 필요하든지"라는 뜻으로 "어떻게 해서든"이라는 의미로 쓰인다.

376 I'll drink to that!

옳소!, 찬성이오!

377 I'll friend you on Facebook

페이스북에 친추할게

friend는 동사로 인터넷에서 …와 친구하다, 그리고 facebook sb 역시 facebook이 동사로 쓰인 경우로 …에게 페이스북을 하다

378

I'll get even with you

앙갚음 해줄테다, 되갚아 주겠어

get even with sb는 …에게 복수하다

379

I'll get out of your hair

널 방해하지 않고 그만 갈게

get[be, keep] out of sb's hair는 사라지다, 폐끼치지 않고 그만 가다, 괴롭히지 않다,
get[keep] ~ out of one's hair는 …가 괴롭히지 못하게 하다

380

I'll get right on it

당장 그렇게 할게, 바로 시작할게, 그럴게

get right on~은 '뭔가 바로 시작하다,' '착수하다,' '바로 진행하다'

381

I'll get some thoughts to you

내 생각을 말해줄게

get some thoughts (to, on)~는 생각을 …에게 전하다[말해주다], 그리고 have some
thoughts~는 …라는 생각을 좀 하다

382

I'll give him that

걔 정말 그래, 걔 그 점은 인정해

글자 그대로 걔에게 그걸 줄거야라는 뜻도 되지만 비유적으로 걔의 그 점은 인정하다라고 할 때
도 쓰인다. 참고로 I'll give you that하면 네 그 점은 인정해, 네 말이 맞아

383

I'll give it some thought

내가 좀 생각을 해볼게

give sth some thought는 …을 생각 좀 해보다(give thought to)

384

I'll give you a ride

태워다 줄게

give sb a ride는 …을 태워주다

385

I'll give you another chance

한번 더 기회를 주지

386

I'll give you the benefit of the doubt

좋은 쪽으로 생각해볼게, 속는 셈치고 믿어볼게

give sb the benefit of the doubt은 '…의 말을 반증할 수 없으므로 선의로 …를 믿어주다,' '유리한 판단을 하다'라는 의미.

387

I'll go along for the ride

같이 갈게

388

I'll go along with that

난 찬성야, 동의해

go along with sth은 …에 찬성하다

389

I'll have my day in court

법정에서 시시비비를 가릴 날이 올거야

390
I'll have the same

같은 걸로 주세요

391
I'll help you in any way I see fit

내가 적절하다고 생각한 방법으로 널 도와줄게

see fit은 적절하다고 생각하다, …가 맞다고 생각하다, …하기로 결정[선택]하다

392
I'll just break it off with her

걔랑 헤어질거야

break it off = break up with

393
I'll just fire away

바로 질문할게

fire away는 곤란한 질문을 퍼붓다

394
I'll keep that in mind

명심할게

keep~in mind는 …을 명심하다

395
I'll look you up when I'm in town

시내에 오면 한번 들를게

396

I'll make it clear

분명히 말해 줄게

397

I'll make it worth your while

네가 노력한 보람이 헛되지 않게 할게, 보답할게

398

I'll make some calls

몇군데 전화 좀 해볼게

make some calls는 몇 군데 전화를 해보다, 전화 몇 통 해보다

399

I'll pass that along

내가 그거 건네줄게

pass sth along (to sb)은 (물건, 정보) 넘겨주다, 건네주다

400

I'll pick up the tab

내가 낼게

pick up the tab은 지불하다, 돈은 내다

401

I'll pick you up at seven

7시에 데리러 갈게

pick sb up은 차로 …을 픽업하다

402

I'll put a stop to that

내가 중단시킬게

put a stop to~는 …을 중단시키다

403

I'll say

그러게 말이야, 맞아, 정말이야

404

I'll see what I can do

알아보죠, 어디 한번 알아볼게요, 어떻게든 해보다

적극적으로 할 수 있는 방법을 찾아보겠다는 뉘앙스.

405

I'll send it to you in a text message

그 내용을 문자 메시지로 보내줄게

406

I'll take a rain check

다음으로 미룰게

take a rain check하면 약속이나 제안을 '다음 기회로 미루다' 그리고 give sb a rain check 하면 '나중에 다시 초대하다'라는 의미.

407

I'll take my chances

위험부담을 감수하겠어, 모험을 해보겠어

408

I'll take that as a yes

승낙한 것으로 알다

또한 I'll take that as a compliment하면 칭찬으로 받아들이다.

409

I'll take that as a no

반대한 것으로 알겠어

I'll take that as~ …로[한 것으로] 알겠어

410

I'll take this one

이걸로 할게

411

I'll take you up on that

네 제안을 받아들일게

take sb up on sth는 …의 …을 받아들이다

412

I'll teach him a lesson

버르장머리를 고쳐놓을거야, 혼내줘야겠어

teach sb a lesson은 혼내다

413

I'll tell you what

이게 어때, 저기 있잖아, 이러면 어떨까

414

I'll try not to slip up

실수하지 않도록 할게

slip up은 실수하다

415

I'll walk you through it

그걸 어떻게 하는지 방법을 알려줄게

walk sb through sth은 어떤 일의 과정이나 방법을 상세히 …에게 알려주다

416

I'm serious

정말이야, 진심이야, 나 굉장히 진지해

강조하기 위해 중간에 dead를 써서 I'm dead serious라고 해도 된다.

417

I'm going to take off

그만 일어서야겠어

take off는 이륙하다, 쉬다, 출발하다

418

I'm so flattered

과찬의 말씀을, 그렇게 말해주면 고맙지

419

I'm afraid so

(안타깝게도) 그런 것 같아, (아무래도) 그런 것 같아

420 I'm against the plan

그 계획에 반대[찬성]야

반대로 쓰려면 I'm for the plan이라고 하면 된다.

421 I'm all mixed up

너무 혼란스러워, 모든 게 복잡해졌어

be all mixed up은 혼란스러워하다

422 I'm all over it

잘 알고 있지

be all over sth은 …을 잘 알고 있다

423 I'm all right with that

난 괜찮아

424 I'm ashamed of you

부끄러운 일이야, 부끄러워 혼났어, 너 때문에 너무 창피해

425 I'm begging you

부탁이야

426 I'm bored out of my mind

지겨워 죽겠어

be bored out of one's mind는 지겨워[지루해] 죽겠다

427 I'm calling the shots

내가 결정할래, 내가 지시할게

call the shots은 결정하다, 지시하다

428 I'm clean

난 깨끗해(그 일과 상관없어), 난 결백해

429 I'm coming down with a cold

감기 기운이 있어

come down with~는 가벼운 병에 걸리다

430 I'm coming with you

너랑 같이 갈게

431 I'm cool

잘 지내

432

I'm cool with that

난 괜찮아, 상관없어

433

I'm crazy for[about] you

난 너한테 빠져있어

be crazy for[about] sb는 …을 무척 좋아하다

434

I'm doing my best

최선을 다하고 있어

do one's best는 최선을 다하다

435

I'm doing OK

잘 지내고 있어

436

I'm done with this

이거 다 끝냈어, 그만하겠어, 이제 안해

be done with~는 …을 끝내다

437

I'm drawn to her

걔한테 끌렸어

be drawn to sb는 …에게 끌리다

A-F

G-I

J-R

S-Y

438

I'm dying to know

알고 싶어 죽겠어

be dying to+V는 …하고 싶어 죽겠다

439

I'm easy to please

네 결정에 따를게, 난 어느 쪽도 상관없어

440

I'm exhausted

지쳤어

441

I'm expecting company

더 올 사람 있어, 누가 오기로 했어

company는 무관사로 동행, 일행을 의미한다.

442

I'm fed up with you!

너한테 질렸어!, 더 이상 못 참겠어!

be fed up with sb는 …한테 질리다

443

I'm for it

난 찬성이야

444
I'm fucking with you

널 놀리는거야

fuck with sb는 놀리다, 장난치다

445
I'm getting back on my feet

난 다시 일어나고 있어, 재기하고 있어

get back on one's feet은 재기하다, 다시 일어나다

446
I'm getting to it

바로 얘기해줄게

get (right) to it은 …을 바로 시작하다, 말하다, 그리고 when you get right down to it은 근본적으로 말해서(essentially)

447
I'm going to be under the knife

수술을 받을거야

be under the knife는 수술을 받다

448
I'm going to have to get this off my chest

이거 털어놓고 말해야겠어

get sth off one's chest는 비밀같은 맘속 얘기를 꺼내놓다

449
I'm going to kick some ass

혼 좀 내줘야겠어

kick some ass는 혼내주다

450

I'm going to make something of myself

난 성공할거야

make something of oneself는 스스로 노력하여 성공하다

451

I'm going to miss you

보고 싶을거야

452

I'm going to see it through

난 시작한 일을 끝까지 마무리할거야

see it through는 끝까지 실행하다

453

I'm going to take the high road

내 소신대로 행동할거야

454

I'm going with it

난 그것으로 하겠어, 그래 따라갈게

go with sth은 …로 하다, …로 선택하다

455

I'm going

나 갈거야

반대로 나 안갈거야는 I'm not going.

456 I'm gonna break up with you

우리 그만 만나자, 너랑 헤어질래

break up with = break it off

457 I'm gonna get the ball rolling

난 본격적으로 시작할거야

get the ball rolling은 시작하다, 시작해서 계속하다

458 I'm gonna let you off with a warning

경고만 하고 보낼게

let sb off with a warning은 경고만 하고 놔주다

459 I'm gonna lock you up!

널 잡아넣을거야!

lock sb up은 감옥[정신병원]에 가두다, lockup은 감옥, 유치장, 구치소, 그리고 lockdown은 구류조치

460 I'm gonna make a case for temporary insanity

난 일시 정신장애라는 주장을 펼거야

make a (strong) case for[against]는 …의 옹호론[반대론]을 펴다

461 I'm gonna get fat again

다시 살찌겠어

get fat은 살이 찌다

462
I'm gonna hold you to that

그 약속 꼭 지켜야 돼

hold sb to sth는 sb가 한 약속이나 결정인 sth을 지키도록 하다라는 의미.

463
I'm good at this

난 이거 잘해

be good at~은 …을 잘하다

464
I'm having a good time

재미있어, 재미있게 보내고 있어

465
I'm having a little chat with her

걔랑 잠깐 이야기하는 중이야

have a chat with sb는 …와 얘기를 하다

466
I'm honored

영광인데

467
I'm hoping for the best

잘 되길 빌고 있어

COMMON
EXPRESSIONS
IN AMERICAN
DRAMAS

468
I'm hot for you, John!

존, 난 너와 섹스하고 싶어!

be hot for는 꼴려서 섹스하고 싶어하다. 그리고 have the hots for sb는 설레다, 흥분하다, 하고 싶어 안달나다(오래된 표현)

469
I'm impressed

인상적인데, 놀라운 걸

470
I'm in big trouble

큰일났어, 큰 문제가 생겼어

be in trouble은 곤경에 처하다, 큰일나다

471
I'm in good shape

난 컨디션이 좋아

나쁘다고 할 때는 good 대신에 bad를 쓰면 된다.

472
I'm in on it

난 알고 있어, 난 관련되어 있어

be in on sth은 …에 관련되어 있다라는 표현.

473
I'm in over my head

너무 걱정이 돼, 감당이 안돼

be in over one's head는 감당이 안되다

474
I'm into this stuff

이런 걸 정말 좋아해, 요새 이거에 빠졌어

be into sth은 …일에 빠져있다, 좋아하다, be into sb는 이성에게 빠져있다

475
I'm intrigued

흥미로와

476
I'm just a little stunned

좀 어리둥절해, 좀 충격적이었어

477
I'm just doing my job

할 일을 한 것 뿐인데, 내 일을 한 건데

478
I'm just flirting

좀 추근거린 것 뿐이야, 작업 좀 들어간 것 뿐인데

flirt는 추근거리다, 장난치다

479
I'm just going to hang back

난 좀 남아 있을거야

hang back은 다른 사람들 가고 나서 남다

480

I'm just looking

그냥 구경하고 있는 거예요

481

I'm just taking one day at a time

그냥 서두르지 않고 있어

take it one day at a time은 미리 고민하지 않고 닥치면 그때그때 해결한다는 의미.

482

I'm just teasing you

그냥 장난으로 한 말이야

tease sb는 장난치다, 놀리다

483

I'm just thinking out loud

혼자 해본 소리야, 그냥 혼잣말이야

484

I'm kind of tuckered out

좀 많이 지쳤어

be tuckered out은 지칠대로 지치다, 뻗다, 그리고 tucker oneself out는 많이 지치다

485

I'm leaving

나 간다, 이만 가볼게

486

I'm like you

나도 너랑 같은 생각이야

여기서 like는 전치사

487

I'm listening

듣고 있어, 어서 말해

488

I'm looking over my shoulder every day

난 매일 조심하고 있어

look over one's shoulder는 (위험을 대비하며) 걱정하다, 조심하다, 감시하다

489

I'm making a break for it

난 도망갈거야

make a break for it은 도망치다

490

I'm my own boss

자영업 해, 사업해

491

I'm not allowed to do that

난 그거 하면 안돼

be not allowed to+V는 …하면 안돼

492
I'm not being flip

내 말 진심이야

be flip(=be flippant)은 경솔하다, 건방지다, 무례하다

493
I'm not buying your story

네 얘기는 못 믿겠어, 네 거짓말에 안 속아

여기서 buy는 believe란 의미.

494
I'm not catching on

이해가 잘 안돼

catch on = understand

495
I'm not feeling well

기분이 별로 안 좋아, 속이 안 좋아

496
I'm not finished with you

얘기 다 안 끝났어, 아직 할 얘기가 남았어

be finished with~는 …을 끝내다

497
I'm not freaking out

안 놀랬어, 난 괜찮아

freak out은 놀라다, 질겁하다

498
I'm not gonna scrub in for surgery

난 수술에 들어가지 않을거야

scrub in은 수술전 손세척하다, 수술에 참여하다. 그리고 scrub room은 수술실

499
I'm not gonna sneak around with you

난 너랑 바람피우지 않을거야

sneak around는 몰래 만나다, 바람피우다, 몰래 움직이다

500
I'm not gonna hurt you

해치지 않을 테니 걱정마

501
I'm not happy about this

만족 못하겠어, 불만이야

502
I'm not here

나 여기 없는거야

503
I'm not in the mood

그럴 기분이 아냐

be in no mood for[to do]는 '…할 기분이 아니다'라는 말로 상대방의 제안에 거절할 때.

504 **I'm not interested in that**

그거에 관심없어

505 **I'm not into it**

그런 건 안해요

506 **I'm not just big on Mexican food**

난 멕시코 음식을 그다지 좋아하지 않아

be big on sth[~ing]은 '…를 무척 좋아하다'라는 뜻.

507 **I'm not kidding**

정말이야, 장난아냐

508 **I'm not like you**

난 너랑 달라

509 **I'm not lying**

거짓말 아냐, 진짜야

510

I'm not one to kiss and tell

(신의를 저버리고) 비밀을 떠벌리는 사람은 아냐

kiss and tell은 신의를 저버리고 '서약을 깨다,' '비밀을 폭로하다'

511

I'm not sure what you mean

무슨 말인지 모르겠어

512

I'm not taking this lying down

난 이걸 참지 않을거야

take sth lying down은 …을 감수하다, 참다, 가만히 있다

513

I'm not tricking you

널 속이는거 아냐

514

I'm off duty

비번이야

515

I'm off the booze

나 술 끊었어

516

I'm on fire

잘 풀리고 있어

be on fire는 일이 잘 풀리고 있다

517

I'm on it

내가 할게, 내가 처리 중이야

줄여서 On it이라고 해도 된다.

518

I'm on my way

가고 있어, 가는 중이야

519

I'm on your side

난 네 편이야

be on one's side는 …의 편이다

520

I'm out of a job now

난 지금 백수야

521

I'm out of luck

난 운이 없어

be out of luck은 운이 없다

522

I'm outta here

나 갈게, 난 갈래

523

I'm over the hill

난 한물갔어

be over the hill은 언덕의 정점을 넘어갔다는 말로 전성기가 지났다, 한물갔다

524

I'm over you

널 완전히 정리했어, 널 다 잊었어, 너랑 끝이야

525

I'm pissed off

열받아, 진절머리나

be pissed off는 화나다, 열받다

526

I'm probably out of line here

이렇게 말해도 좋을지 모르겠지만

527

I'm really gonna go all out for this

난 이 일에 최선을 다할거야

go all out for~는 전력투구를 다하다

528

I'm really looking forward to this

정말 무척 기대하고 있어

be looking forward to~는 …을 무척 기대하다

529

I'm really rooting for you

정말 널 응원할게

root for~는 응원하다, 지지하다

530

I'm really ticked off

정말 열받았어, 화났어

tick sb off는 '화나게 하다'로, be ticked off at sb하면 '…에게 화나다,' '열받다'라는 의미.

531

I'm running a little late

좀 늦어, 좀 늦을 것 같아

532

I'm running out of time

시간이 얼마 안 남았어, 시간이 다 되어가

run out of time은 시간이 모자르다, 얼마 안 남다라는 표현.

533

I'm sick of this

진절머리가 나

be sick of~는 …에 진절머리가 나다

534

I'm so psyched

정말 신나

535

I'm so sorry for your loss

상심에 위로 드립니다

삼고 고인의 명복을 빕니다에 해당되는 표현.

536

I'm sorry about that

미안해

537

I'm sorry to hear that

안됐네, 유감이야

538

I'm springing this on you at the last minute

임박해서[닥쳐서] 말하는데

spring sth on sb는 …에게 임박해서 sb가 예상못하는 말을 하다

539

I'm sticking with you

난 너랑 함께 있겠어

stick with sb는 …와 함께 하다

540
I'm stuck in traffic

차가 막혀, 길이 막혀서 꼼짝도 못했어, 정체야

541
I'm stuffed

배가 불러

I'm full과 같은 의미.

542
I'm talking to you!

내 말 안들려!, 너한테 말하는거야!, 내가 하는 말 좀 잘 들어봐!

543
I'm telling you

진짜라니까, 정말이야

앞서 말한 내용을 강조할 때

544
I'm the one who found it

내가 바로 그걸 발견한 사람이야

I'm the one who~는 내가 …했어

545
I'm throwing a party

파티를 열거야

throw a party는 파티를 열다

546

I'm tied up all day

하루 온종일 꼼짝달싹 못하고 있어

547

I'm trying to keep it that way

그렇게 하려고 해

548

I'm trying to play hard to get

팅기고 있는 중야, 일부러 빼고 있어

play hard to get은 이성이 '잡기 힘든척 연기하다,' '팅기다,' '비싸게 굴다'라는 말

549

I'm under a lot of pressure

스트레스를 많이 받고 있어, 부담을 많이 느껴

550

I'm under the weather

몸이 찌뿌둥해

관용표현으로 be under the weather하면 날씨가 찌뿌둥하면 몸이 좀 안좋듯, '몸이 좀 아프거나, 기분이 개운치 않다'라는 뜻으로 쓰인다.

551

I'm undercover on a drug bust

마약사건으로 위장수사 중이야

gun bust는 총기사건, drug bust는 마약사건

552
I'm up to my ears in work

일 때문에 꼼짝달싹 못해

ears 대신에 neck를 써도 된다.

553
I'm walking on air

날 듯이 기뻐

walk on air은 공중에 떠서 걷듯 매우 기쁘다라는 의미.

554
I'm way ahead of you

이미 다 알고 있어, 이미 하고 있어, 이미 앞서가고 있어

여기서 way는 강조의 부사.

555
I'm willing to do that

기꺼이 그걸 하고 싶어

be willing to+V는 기꺼이 …하다

556
I'm wired into the DA's office

난 검사실에 연줄이 있어

be wired into~는 (고위직과) …에 연줄이 있다, …에 열중하다[빠져있다](be devoted to), 송금되다

557
I'm with you

동감야, 그러자, 알았어

558

I'm working 24-7

온종일 일만해

24시간 7일간 일한다는 말로 쉬지 않고 온종일 일을 한다는 의미.

559

I'm working out the kinks

문제점들을 해결하고 있어

work out the kinks는 (어려운 일의) 문제점을 해결하다, 결함을 해결하다

560

Is Everything okay?

잘 지내지?, 일은 다 잘 되지?

561

Is he still dating up a storm?

걔 아직 여러 여자와 데이트하고 다녀?

up a storm은 멋지게, 대단하게

562

Is Chris there?

크리스 있어요?

전화에서.

563

Is that too much to ask?

내가 너무 많이 요구하는거야?

564 Is that a yes or a no?

예스야, 노야?

565 Is that all you got?

그게 다야?, 그것뿐이야?

566 Is that clear?

내 말 알겠지?, 무슨 뜻인지 알겠지?

상대방에게 퉁명스럽게 혹은 아랫사람에게 자신이 앞서 한말을 제대로 알아듣고 이해했냐고 물어볼 때 쓰는 말.

567 Is that for here or to go?

여기서 드실 겁니까, 가지고 가실 겁니까?

Is that~은 생략가능하다.

568 Is that it?

그런 거야?, 그걸로 끝이야?

569 Is that what I think it is?

내가 생각하는 그거 맞지?

570 Is that what this is?

그 때문에 이런 거니?

That is what it is의 의문형으로 뭐가 맞는지 확인해볼 때 쓰는 표현으로 '그게 이거야?', '그래서 그런거야?'라는 의미.

571 Is that what you think?

그게 네 생각이야?, 네가 생각하는 게 이거야?

부정형태인 That's not what you think는 '그게 아니야, 네 생각과 달라'라는 뜻.

572 Is that what you want to hear?

이 말이 듣고 싶은거야?

573 Is that what you're saying?

네가 말하는 게 이 말이야?

상대방의 말을 확인할 때.

574 Is that who I think it is?

내가 생각하는 그 사람 맞지?

575 Is there anything I can do for you?

뭐 도와줄 일 없어?

COMMON
EXPRESSIONS
IN AMERICAN
DRAMAS

576 **Is this how you get your rocks off?**

넌 이런 식으로 기쁨을 느끼는거야?

get one's rocks off (~ing)는 사정하다(ejaculate), 성교하다(have sex), 즐기다(enjoy)

577 **Is this some kind of joke?**

장난하는거지?, 나 놀리는거지?

578 **Is your medication wearing off?**

네 약 약효가 떨어진거야?

wear off는 약효가 떨어지다

579 **Isn't it amazing?**

정말 놀랍구나!, 대단하지 않냐?, 굉장하지?

580 **Isn't it obvious?**

뻔하지 않아?

it 대신에 that을 쓰기도 한다.

581 **It slipped my mind**

깜박 잊었어

강조하기 위해서 completely를 넣어서 It completely slipped my mind라고 말하기도 한다.

582 It all adds up

앞뒤가 들어 맞아

583 It blows my mind!

정신을 못차리겠어!, 마음이 설레네!

584 It can't hurt to try

한번 해본다고 해서 나쁠 건 없지

can't 대신에 won't를 써도 된다.

585 It comes as a bit of shock

받아들이기 힘들었지만, 정말 놀라워

586 It could happen

그럴 수도 있겠지, 그런 일이 있을 수도 있지

587 It couldn't be better

최고야

부정+비교급은 최상급이다.

588 It didn't cross my mind

생각이 나지 않았어

sth cross one's mind는 …가 생각나다

589 It doesn't feel right

뭔가 이상해

I don't feel right (~ing)은 썩 내키지 않아, 뭔가 잘못됐어

590 It doesn't have anything to do with me

난 모르는 일이야, 난 신경안써

591 It doesn't hurt to ask

물어본다고 나쁠 건 없지, 그냥 한번 물어본거야

592 It doesn't look good

바람직하진 않아, (사태, 상황) 좋아 보이지 않아

It doesn't make any sense는 무슨 소리야, 말도 안돼

593 It doesn't matter to me

난 아무래도 상관없어, 난 신경쓰지 않아

matter는 동사로 중요하다, 상관있다

594
It doesn't mean anything to me

난 상관없어

595
It doesn't work that way

그런 식으로 되는게 아냐

596
It doesn't work

제대로 안돼, 그렇게는 안돼

597
It happens

그럴 수도 있지

It happens to everybody하면 다들 겪는 일이야.

598
It hit me that this isn't going to work

이건 제대로 되지 않을거라 생각이 들었어

It hit me that S+V …라는 생각이 갑자기 들었어, 갑자기 떠올랐어

599
It is different this time

이번에는 달라

600

It is my fault

내 잘못이야

601

It is written all over your face

네 얼굴에 다 써있어

602

It isn't worth the trouble

괜히 번거롭기만 할거야

애쓸 필요가 없다는 말.

603

It just kept getting worse and worse

점점 더 나빠지고 있어

getting+비교급은 점점 …해지다

604

It kinda grows on you

넌 그걸 점점 좋아하는구나

~grow on sb는 …가 주어를 좋아하게 되다

605

It makes no difference to me

상관없어요

make no difference to sb는 …에게 상관없다

606 It matters to me

나한테 중요해

607 It meant nothing

그건 아무 의미가 없다

608 It never happened

그런 일 없어, 이런 적 한번도 없었어

609 It serves you right!

넌 그런 일 당해도 싸!, 꼴 좋다!, 샘통이다!

610 It stinks

엉망이야, 영 아니야

611 It sucks!

밥맛이야!, 젠장할!, 최악이야!

That sucks!도 많이 쓰인다.

612

It suits me

난 좋아

뒤에 fine을 넣어 It suits me fine이라고 해도 된다.

613

It sure is

그렇고 말고, 맞고 말고

614

It takes balls to break the law

법을 어기려면 배짱이 필요해

It takes balls to+V는 …하려면 배짱이 있어야 돼

615

It takes money to make money

돈놓고 돈먹기

make money는 돈을 벌다

616

It threw me for a loop

기겁했다니까, 상상도 못했어, 그럴 줄 몰랐어

throw sb for a loop는 sb를 어이없게 하다, 놀라게 하다

617

It was a cheap shot

비열한 짓이야, 유치한 짓이야

be a cheap shot은 '비열하다,' '치사하다,' '부당하다'라는 의미. 참고로 be a hotshot은 '영향력있는 중요한 인물이다라는 말.

⁶¹⁸ It was a long shot

승산이 희박했어, 가능성이 없었어

멀리서(long) 쐈으니(shot) 가능성이 낮을 수밖에

⁶¹⁹ It was a slip of the tongue

실언했어, 말이 잘못 나왔네

be a slip of the tongue는 실언하다, 실수로 잘못 말하다

⁶²⁰ It was all for nothing

모든 일이 수포로 돌아갔어

노력했지만 아무런 결과도 없이 시간만 낭비했다는 의미.

⁶²¹ It was an accident

그건 사고였어

⁶²² It was an inside job

내부자소행입니다

⁶²³ It was fun having you

같이 해서 즐거웠어

624

It was just a thought

그냥 생각해본거야

625

It was just one night thing

하룻밤 잔 것뿐이야

one night thing = one night stand

626

It was meant to be

운명이었어, 하늘이 정해준거였어

627

It was my mistake

내 잘못이야, 나의 실수였어

628

It was nothing

별일 아냐, 아무 것도 아냐

629

It was the last thing I expected

생각도 못했어

630

It was a long day

힘든 하루였어

was 대신에 has been을 써도 된다.

631

It went just down the drain

헛수고가 됐다, 그냥 날라갔어, 실패했어

go down the drain은 '…가 수포로 돌아가다,' '헛수고가 되다'라는 뜻.

632

It won't take long

오래 안 걸려

633

It works for me

난 괜찮아, 찬성이야

634

It works!

제대로 되네!, 효과가 있네!

반대는 It doesn't work!

635

It would be nice if there weren't so many people

사람들이 많지 않으면 좋을텐데

It'd be nice if S+V는 …한다면 좋을텐데

636 **It would make me happy**

그럼 내가 좋을거야

637 **It doesn't make any sense**

무슨 소리야, 말도 안돼

make sense는 말이 되다

638 **It'll blow over**

잊혀질거야, 사그라들거야

blow over는 위험한 상황이 끝나서 걱정할 필요가 없어지다라는 의미.

639 **It's a joke**

그거 농담야, 장난야

640 **It's not a big deal**

그게 큰 문제는 아니잖아

641 **It's not like that**

그런게 아냐

642 **It's the thought that counts**

중요한 건 마음이야

It's ~ that counts는 중요한 것은 …이다.

643 **It's way out of hand**

감당할 수 없어

be way out of hand는 상황이 통제불가능한 상태가 되었다라는 의미.

644 **It'll give us time to figure it out**

그렇게 되면 우리가 그걸 해결할 시간을 갖게 될거야

This[It] will give sb time to~는 그렇게 되면 …가 …할 시간을 갖게 될 것이다

645 **It'll make you feel better**

그럼 더 좋지, 기분이 좀 좋아질거야

646 **It's all for the best**

다 잘되려고 그런 거야, 차라리 잘된 일이야

hope for the best는 잘되기를 바라다. work out for the best는 잘되다

647 **It's a ballpark figure**

대강, 어림잡은 거야

경기장에 온 관객들을 세는 게 정확할 수는 없다.

648

It's a deal?

그럴래?, 좋아?

649

It's a disaster

최악이었어, 커다란 실패야, 큰 불행이야, 엉망이야

650

It's a fine line

거의 차이 없어, 매 한가지야

그래서 There's a fine line between A and B하게 되면 A와 B는 종이 한 장 차이로 구분이 쉽지 않다라는 의미가 된다.

651

It's a guy thing

남자들 이야기야

652

It's a little tricky

그건 좀 어렵네

653

It's a long story

말하자면 길어

654

It's a major bummer

정말 기운 빠지네, 정말 영 아닌데, 정말 기대에 못 미치는데

bummer는 '실망스럽고 짜증이 나는 상황'을 의미한다.

655

It's a one day job, max

최대 하루치 일이야

max는 maximum의 약어로 문장 끝에서 '기껏해야,' '많아봤자'라는 의미로 많이 쓰인다.

656

It's a snap

그거 쉬워

657

It's a toss-up

가능성이 반반이야, 예측불허야

658

It's about ten minutes' ride

차로 약 10분 거리예요

여기서 about은 around의 의미로 '약'이라는 뜻.

659

It's about time

진작에 그랬어야지

660
It's all or nothing

이판사판야, 모 아니면 도야

661
It's all right?

괜찮겠어?, 괜찮아?

662
It's already in full swing!

지금 절정을 이루고 있어!

be in full swing은 특히 파티 등이 '한창인, 순조롭게 진행중인'이라는 뜻.

663
It's been a while

오랜 만이야

664
It's every man for himself

각자 알아서 해야지

누구도 도와주지 않으니까

665
It's for a good cause

좋은 일로 그러는 거야

666

It's going to be okay

잘 될거야, 괜찮을거야

667

It's gonna be all over the news

뉴스마다 그 얘기야

be all over the news는 뉴스마다 계속 나오다

668

It's gonna knock your socks off

넌 깜작 놀랄거야

knock sb's socks off는 너무 놀라다, 기쁘다, 감동받다

669

It's gonna make a difference

차이가 있을거야

make a difference는 차이가 있다

670

It's gonna put your life on the line

네 생명이 위태롭게 될거야

put~on the line은 …을 위태롭게 하다

671

It's got to be

틀림없이 그럴거야

672 It's harder than I thought

생각보다 더 어려워

~than I thought는 내 생각보다

673 It's in bad taste

그건 아주 불쾌했어

sth be in bad[poor] taste는 상스럽다, 볼가치가 없다, 멋이 없다

674 It's in your best interest not to go there

거기에 안 가는 게 너한텐 최선야

be in sb's best interest to+V는 to 이하를 하는 것이 …에게 최선의 길이다

675 It's just a phase

그냥 한때 저러는거야

676 It's just one of those things

흔한 일야, 어쩔 수 없는 일야, 있는 일들 중 하나야

be just one of those things는 '많은 일들 중의 하나'라는 말로 살다보면 겪는 흔한 일이다, 어쩔 수 없는 일이다라는 뜻.

677 It's like it never happened

마치 없던 일처럼

It's like S+V는 …같아

678
It's like that

응 맞아, 그 경우와 비슷해, 그런 셈이야, 그런거야

679
It's like you're hiding something

뭔가 숨기는 것 같아

680
It's my ass on the line

내가 큰일나, 잘못되면 내가 다쳐

681
It's never going to happen

절대 그런 일 없을거야

682
It's no picnic

그건 쉬운 일이 아냐

be no picnic은 쉬운 일이 아니다

683
It's none of your business

남의 일에 신경쓰지마, 참견마

앞의 It's는 생략할 수가 있다.

684

It's not about that

그런 문제가 아냐, 요점은 그게 아니야

685

It's not all it's cracked up to be

사람들의 말처럼 그런 건 아냐

be not all it's cracked up to be는 사람들이 그러는 것처럼은 아니다라는 의미.

686

It's not gonna make any difference

전혀 상관없어, 그래봤자 달라질 것 없어

687

It's not good to keep that bottled up inside

맘속에 담아두는 건 안 좋아

keep~bottled up inside는 …을 맘속에 담아두다

688

It's not like that

꼭 그런 건 아냐, 그런 것 같지는 않아

689

It's not my place

내가 상관할 바가 아니다, 내가 나설 자리가 아냐

It's not my place to tell him은 걔한테 말하는 것은 내가 할 일이 아니야.

690
It's not that bad

괜찮은데, 그렇게 나쁘지 않아

꽤 좋다는 뉘앙스.

691
It's not that

그런 건 아냐

692
It's not unheard of

새삼스러운 일도 아냐, 흔히 있는 일야

못들어(unheard) 본 것이 아니다(not)로 내용상 이중부정이 되어 강한 긍정으로 이해하면 된다.

693
It's not what you think

네가 생각하는 그런게 아냐, 속단하지 마라

694
It's now or never

기회는 두 번 다시 오지 않을 거야, 지금 아니면 안돼

695
It's on me

내가 낼게, 내가 쏠게

= It's my treat. 참고로 It's on the house는 가게 등에서 쏜다고 할 때.

696

It's on the tip of my tongue

혀 끝에서 뱅뱅도네

"그녀의 이름이 기억날 듯하면서 안나네"라고 하려면 Her name is on the tip of my tongue 이라고 하면 된다.

697

It's one of a kind

아주 귀한 것이야, 유일무이한거야, 독특해, 굉장히 희귀해

one of a kind는 보기 드문, 유례를 찾기 힘든이라는 표현.

698

It's out of my hands

내 손을 떠났어, 나도 어쩔 수 없어

699

It's out of the question

그건 불가능해, 절대 안돼

700

It's out of your league

그건 네 능력 밖이야

701

It's really getting to me!

그것 때문에 정말 화나!, 정말 신경질 나 죽겠어!

get to sb는 …을 짜증나게 하다

702
It's stacking the deck

그건 속임수야

stack the deck은 속임수를 쓰다

703
It's stuff like that

그 비슷한거야

704
It's such a hassle

성가신 일이야, 힘든 일이야

강조하기 위해 real을 hassle 앞에 쓰기도 한다.

705
It's the least I can do

이 정도야 기본이지, 최소한의 내 성의야, 별것도 아닌데

706
It's time we should be going

그만 일어납시다

It's time S+V는 좀 늦었지만 지금이라도 …할 때이다라는 뉘앙스를 갖는다.

707
It's up to you

네가 결정할 일이야, 알아서 해

708

It's worth it

가치가 있어

be worth+N는 …할 가치가 있다

709

It's your call

네가 결정할 몫이야

710

It's your funeral

그날로 넌 끝이야

711

It's your turn

네 차례야

712

It's very nice of you

너무 고마워, 정말 친절하군

713

I've been meaning to call you

그렇지 않아도 전화하려고 했는데

be meaning to+V는 …하려고 하고 있다

A-F

G-I

J-R

S-Y

714
I've been putting on a brave face for one week

난 일주일 동안 태연한 척 했어

put on a brave face는 태연한 척하다

715
I've been there

1. 나도 그런 적 있어, 정말 그 심정 이해해 2. 가본 적 있어

716
I've come this close to winning

난 거의 승리 할 뻔했어

be[come] this close to~는 거의 …할 뻔하다, …할 지경이다

717
I've done everything you asked me to do

네가 시키는 건 다했어

718
I've got a bone to pick with you

너한테 불만 있어

have a bone to pick with sb는 얘기 좀 할게 있다. '…에게 따질게 있다'라는 뜻이다.

719
I've got a hankering for Chinese food tonight

오늘밤에는 중국식 음식이 당기네

have a hankering for+N[to~]은 …하고 싶다, …가 당기다

720

I've got news for you

새로운 소식있어, 놀랄만한 소식이 있어

721

I've got to run

서둘러 가봐야겠어요

722

I've got work to do

할 일이 있어

723

I've had enough of you

이제 너한테 질렸어

724

I've had it up to here with you

너라면 이제 치가 떨려, 너한테 질려버렸어

have had it up to here with sb[sth]는 아주 참을 만큼 참았다는 것을 강조하는 표현.

725

I've had it with you guys

너희들한테 질려버렸어, 이제 진절머리 나

726
I've had it!

이제 그만, 참을 만큼 참았어!

727
I've never seen anything like it

그런 건 처음 봐

728
I've never seen him this happy

걔가 이렇게 행복해 하는 것을 본 적이 없어

729
I've paid my dues

내 할 몫(책임)은 다했어, 값을 치뤘어

pay one's dues는 …가 할 몫은 다하다라는 의미.

730
I've seen better

별로던데

731
I've still got it

나 아직 여전해

have still got it은 주로 I've still got it 형태로 쓰이는데 나 아직 안죽었어, 즉 '나 아직 건재해,'
라는 의미.

CHECK iT OUT! 문장속에서 확인해보기!

A: What do you think about his excuse?
B: It makes sense to me.
A: I still have my suspicions.

A: 그 사람이 한 변명에 대해 어떻게 생각해?
B: 나름대로 일리가 있는 걸.
A: 나는 여전히 못믿겠는데.

★What do you~
t는 d와 발음위치가 같아 생략되고, 남은 d는 두 모음 사이에서 모음과 만나 /r/로 변절되어 [와루유]하고 발음된다.

A: I'd like to propose a toast.
B: Oh, thanks. You don't have to do that.
A: Well, I want to. I'm so proud of your recent promotion. **Here's to you!**

A: 축배 들어요.
B: 아, 고마워요. 그럴 필요까지는 없는데.
A: 그래도 하고 싶어요. 얼마 전 승진한 거 정말 축하해요. 당신을 위하여!

★propose a toast
어떤 사람의 행복이나 성공(success) 등을 위하여 「축배를 들자고 제안하다」, 한편 「청혼(請婚)하다」는 propose marriage를 쓴다.

A: Jim, I just can't wait any longer for you to come back. The kids are driving me nuts.
B: **Hold your horses,** honey. I'll be home in 30 minutes.
A: Okay, but the kids are running all over the house screaming. You'd better hurry.

A: 짐. 더이상 당신이 돌아올 때까지 못 기다리겠어. 애들때문에 미치겠다구.
B: 여보, 진정해. 30분 후에 집에 갈게.
A: 알았어. 하지만 애들이 막 소리를 지르면서 온 집안을 뛰어 다니고 있으니 빨리 와.

★are driving me nuts
drive sb nuts는 …의 신경을 「극도로 건드리다」, 「열받을 만한 상황으로 몰고 가다」란 표현. drive sb crazy와 같은 뜻이다.

224

A: How come you're late?

B: I got caught in traffic.

A: Next time you should leave earlier.

> A: 어쩌다 이렇게 늦은 거야?
> B: 차가 밀려서.
> A: 다음 번엔 좀더 일찍 출발하도록 해.

★got caught in traffic
교통 체증을 겪다. catch 의 수동형으로, be caught in a shower (소나기를 만나다)도 같은 형태.

A: I'll bring the money to you. Just get an estimate, okay?

B: No way. I need to see your license.

A: Listen, I have no time to waste. Please **give me a break.**

> A: 돈을 드릴테니 견적이 얼마인지나 알아봐 주세요. 네?
> B: 안돼요. 면허증 보여주세요.
> A: 이봐요, 전 시간이 없다구요. 한번만 봐주세요.

★No way
No way는 강한 부정을 할 때 사용한다

A: What do you want to do tonight?

B: It makes no difference to me. I am flexible.

A: You always say that. I am tired of deciding what to do.

> A: 오늘밤엔 뭐할래?
> B: 뭘 해도 상관없어. 나는 다 괜찮거든.
> A: 넌 항상 그런 식으로 말하더라. 항상 내가 뭘 할지 정하는 건 이제 신물이나.

★am tired of
be tired of ∼ing는 … 하는데 진절머리가 나다. 짜증나다

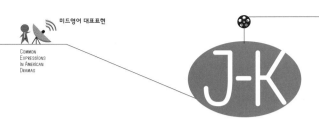

J-K

001 Join the club

같은 처지이네

Join the club은 상대방이 같은 안좋은 처지에 놓였을 때 같은 처지이네라고 말하는 문장.

002 Judging from the crime scene photos,

범죄현장사진으로 미루어 보건대,

Judging from~은 …로 미루어보아

003 Just be yourself

평소대로 자연스럽게 해, 원래대로 행동해

004 Just between us

우리끼리 비밀인데

us 대신에 you and me를 써도 된다.

005 Just come out and say it

솔직하게 털어놔 봐

그래서 "내가 단도직입적으로 말할게"는 I'm just going to come out and say it이라고 하면
된다.

006

Just for fun

그냥 재미로

007

Just go with it

그냥 그렇게 해

go with는 선택의 의미.

008

Just hang out with me

그냥 나랑 놀자

hang out with sb는 특별히 하는 일 없이 시간을 보내며 놀다.

009

Just have him call me

그냥 전화 좀 해달라고 해줘

사역동사로 have sb+V는 …가 …하도록 시키다라는 의미.

010

Just keep it down

조용히 좀 해

011

Just like that

그냥 그렇게

012

Just my luck

내가 하는 일이 뭐 그렇지, 내가 무슨 운이 있겠어

앞에 That's~가 생략된 경우.

013

Just put me out of my misery

날 비참하게 내버려두지마, (듣고 싶은 말을 해줘서) 편하게 해줘

014

Just say the word!

말만해!

015

Just so we're clear

확실하게 해두겠는데

016

Just suck it up

좀 참고 해라

suck it up은 힘든 상황을 참고 견디다. 받아들이다. 분발하다라는 의미로 쓰인다.

017

Just try me

나한테 한번 (얘기) 해봐, 기회를 한번 줘봐

'나를 시도해보라'는 말로 어떤 기회를 달라고 할 때 혹은 상대방에게 '한번 얘기해봐'라고 하는
표현.

018

Keep trying

계속 정진해, 멈추지 말고 계속 노력해

keep ~ing는 계속해서 …하다

019

Keep it in your pants

성욕을 참다, 섹스하려는 욕구를 억누르다

020

Keep it up

계속해, 계속 열심히 해

지금까지 하던대로 일을 열심히 하라는 말로 Keep up the good work와 같은 의미.

021

Keep me posted

계속 알려줘, 소식을 알려줘

참 많이 듣게 되는 표현으로 계속 내게 보고를 하라고, 최신정보를 달라고 할 때 쓰는 표현.

022

Keep quiet about it

입다물고 있어

023

Keep talking

계속 얘기해 봐

024 Keep this to yourself

이건 비밀인데, 너만 알고 있어야 해, 아무한테도 말하지마

025 Keep up the good work

계속 열심히 해, 계속 수고해

= Keep it up

026 Keep your eye on her

걔를 잘 지켜봐

keep[have] one's eye on sth[sb]은 (나쁜 일을 할까봐) 눈을 떼지 않다, 경계하다, 주의하다, keep one's eye on sth은 일이 잘못되지 않도록 지켜보다

027 Keep your mouth shut

누구한테도 말하면 안돼, 비밀이야

028 Keep your shirt on

진정해

shirt 대신에 pants를 써도 된다.

029 Knock it off

그만해, 귀찮게 굴지마

상대방이 짜증나는 행동을 할 때

030 Knock on wood

(행운이) 계속 되길 빌어, (불행이) 그만 되길 빌어

미신에서 유래된 표현으로 행복이 계속되고 불행이 그만되길 바라는 맘에서 악마의 훼방을 받지 않도록 나무를 세 번 두드리는 데서 시작된 표현이다.

031 Knock yourself out!

열심히 해!, 지칠 때까지 해봐!

그래서 Don't knock yourself out하면 더 이상 애쓰지 말라는 말이 된다.

032 Know what I'm saying?

무슨 말인지 알겠니?, 네 생각은 어때?

A-F

G-I

J-R

S-Y

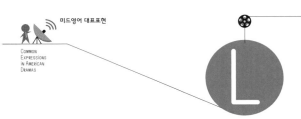

미드영어 대표표현

COMMON
EXPRESSIONS
IN AMERICAN
DRAMAS

L

001

Last but not least

끝으로 중요한 말 더하자면

연설 등 이야기를 하면서 맨끝에 중요한 말을 할 때 끝(last)에 말하지만 결코 덜 중요하지 않은 (not least)이라는 말. 우리말로는 '끝으로 중요한 말씀을 더 드리자면'이라고 생각하면 된다.

002

Leave it at that

더 이상 말하지마, 그만 두자

충분하기에 그만하자는 말씀.

003

Leave it to me

내게 맡겨

004

Leave me alone

나 좀 내버려둬, 귀찮게 좀 하지마

참고로 Let go of me는 놔줘, 날 가게 해줘, 풀어줘

005

Let her blow off some steam

걔가 화를 좀 풀게 놔둬

blow off (some) steam은 화를 (좀) 표출하다, 스트레스를 풀다

234

006 Let it go

그냥 잊어버려, 그냥 놔둬, 신경 꺼

007 Let me (just) say

말하자면

008 Let me ask you something

뭐 좀 물어볼게, 뭐하나 물어봐도 돼

009 Let me break it down for you

내가 그거 설명해줄게

break it down은 설명해주다

010 Let me buy you a drink

술 한잔 살게

011 Let me do it

내가 할게

012

Let me get back to you

나중에 이야기할게, 나중에 전화할게

"그거에 대해 나중에 얘기할게"라고 하려면 Let me get back to you on that이라고 한다.

013

Let me get this straight

이건 분명히 해두자, 얘기를 정리해보자고

서로 오해를 하지 않도록, 서로 다른 얘기를 하지 않도록 하는 말.

014

Let me guess

어디 보자, 말 안해도 알아

015

Let me handle it

내가 알아서 처리할게

016

Let me help you with that

그거 도와줄게

help sb with sth …가 …하는 것을 도와주다

017

Let me just get right to it

직접적으로 말할게

018

Let me know

알려줘, 나중에 알게 되면 얘기해줘

019

Let me remind you

알려줄게 있어, 명심해, 다시 한번 말할게

020

Let me see

그러니까 (내 생각엔), 저기, 글쎄

021

Let me sleep on it

곰곰이 생각해봐야겠어, 하룻밤 더 생각해볼게

sleep on sth은 …을 곰곰이 생각하다

022

Let me spell it out for you

좀 더 자세히[다시] 설명해줄게

023

Let me take care of it

나한테 맡겨

take care of sth은 …을 처리하다

024
Let me tell you something

(내 의견을) 말할게 있는데

025
Let me think about it

생각 좀 해볼게

026
Let me try

내가 한번 해볼게

027
Let me work the case with you

너와 함께 사건을 해결하자

work the case는 사건을 해결하다

028
Let that be a lesson to you

그 이야기를 교훈 삼아라

029
Let's get it on

우리 하자

get it on = have sex

A-F
G-I
J-R
S-Y

030

Let's get'em

가서 죽이자

get'em은 죽여라, Go get'em은 가서 차지해라 혹은 성공해라

031

Let's call it a day

퇴근하자

call it a day = call it quits

032

Let's cut to the chase

단도직입적으로 물어볼게, 요점만 말하자고

'단도직입적으로 물어볼게,' '까놓고 이야기하자고'라는 의미

033

Let's dig into this turkey

칠면조 먹자

dig into~는 …을 먹기 시작하다

034

Let's do it again

또 만나자

035

Let's do it

자 하자, 그렇게 하자

036
Let's double check

다시 한번 보자

037
Let's eat something!

뭘 좀 먹자!

038
Let's face it

현실을 직시하자

039
Let's get cracking

1. 일을 시작하자 2. 빨리 가자

040
Let's get down to business

자 일을 시작하자

get down to business는 일을 본격적으로 시작하다

041
Let's get set up

어서 준비하자

get set up은 준비하다

042
Let's get started

자 시작하자

get started는 시작하다

043
Let's get this out in the open

백일하에 드러내놓자, 그냥 얘기해버리자

044
Let's get this party started

파티를 시작하자고

045
Let's get this show on the road

자 이제 시작하자

get this show on the road는 시작하다, 해치우다, 출발하자

046
Let's get to work

일 시작하자

047
Let's get together sometime

조만간 한번 보자, 한번 모이자

048 **Let's get in touch!**

연락하고 지내자!

get 대신에 keep을 써도 된다.

049 **Let's grab a bite**

좀 먹자, 뭐 좀 먹으러 가자

grab a bite는 간단히 한입먹다

050 **Let's have it**

1. 어서[빨리] 말해봐, 한 번 들어보자 2. 내게 줘

051 **Let's hit the road**

출발하자고

hit the road는 출발하다

052 **Let's hope it doesn't come to that**

그렇게 되지 않기를 바라자

(sth) come to that은 (나쁜 상태로) 그렇게 되다

053 **Let's just call it even**

비긴 셈치자

054

Let's just hit the street

탐문수사를 하자고

hit the street는 탐문수사하다, finish the sweep은 수색을 끝내다

055

Let's just play it by ear

(그때그때) 상황에 맞게 행동하자

play it by ear는 임기응변으로 상황에 맞게 행동하다.

056

Let's just take it one day at a time

그때그때 해결하자고

take it one day at a time는 그때그때 해결하다, 천천히 하나씩 해결하다

057

Let's let someone else get a word in

다른 사람이 말할 기회를 주자

get a word in은 자기 의견을 말하다, get a word in edgewise는 말할 기회를 잡다

058

Let's make a deal

이렇게 하자, 우리 협상하자

make a deal은 거래하다, 타협하다

059

Let's make a run for it

도망가자, 빨리 피하자

make a run for it은 필사적으로 도망가다

060

Let's make it around six

6시쯤 보기로 하자

061

Let's move on

다음으로 넘어가자고

move on은 담으로 넘어가다, 잊다

062

Let's not get ahead of ourselves

너무 앞서서 생각하지 말자

get ahead of sb는 앞지르다, 앞서다, 능가하다, get ahead of oneself는 앞서가다

063

Let's roll

자 시작하자

064

Let's see what we got here

어떤 상황인지 보자

what we got here는 현재 상황, 현재 갖고 있는 정보나 물건

065

Let's start fresh

새로 다시 시작하자

start fresh는 새롭게 다시 시작하다

066

Let's take a break

잠깐 쉬자

take a break는 잠깐 쉬다

067

Let's talk later

나중에 이야기하죠

068

Let's talk

같이 이야기해보자

069

Let's just say I don't like loose ends, probie

끝마무리가 미진한 건 싫어, 신참

Let's just say S+V는 …라고 생각해

070

Level with me

솔직히 말해봐

level with sb는 …에게 솔직하게 말하다

071

Lighten up

심각하게 생각하지마, 긴장풀어, 얼굴 좀 펴

주로 명령형태로 상대방에게 긴장을 풀라고 할 때

072 **Like I said before**

전에 말했듯이

073 **Like it or lump it!**

고르고 말 것도 할 것 없어!

달리 선택이 없기 때문에 맘에 안들어도 선택하다라는 의미. 선택의 여지가 없다라는 말.

074 **Like this?**

이렇게 하면 돼?

075 **Like what?**

예를 들면?, 어떤 거?

076 **Likewise**

나도 그래, 나도 마찬가지

인사를 주고받을 때 '이하동문이야,' '마찬가지야'라고 하는 표현.

077 **Listen to me**

내 말 좀 들어봐

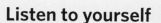

078

Listen to yourself

내 말 좀 잘 들어봐, 멍청한 소리 그만해

'내 말 좀 잘 들어봐라'라는 뜻. 문맥에 따라 Listen to yourself는 '멍청한 얘기는 그만 좀 해라'라는 뜻으로도 쓰인다.

079

Listen up!

(명령조로) 잘 들어!

080

I'll never get through this

난 결코 이 일을 해낼 수 없을거야

get through는 이겨내다, 극복하다

081

Look at you!

(감탄) 얘 좀 봐라!, (비난) 얘 좀 봐!

사물이나 상황일 경우에는 Look at this!, Look at that!이라고 하면 된다.

082

Look me in the eye and tell me nothing happened

내 눈 똑바로 쳐다보면서 아무 일도 없었다고 이야기해봐

083

Look on the bright side

긍정적으로 생각해

084

Look out!

조심해!, 정신 차리라고!

085

Look who's got game

너 정말 잘하네

got game은 …을 잘하다, 능숙하다

086

Look who's here!

아니 이게 누구야!

087

Look who's talking

사돈 남말하네

088

Looks that way

그런 것 같아

089

Lucky bastard!

그 놈의 자식 운도 좋네!

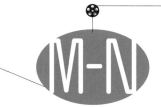
001

Make it snappy!

서둘러!

상대방에게 서두르라고 할 때.

002

Make it two

같은 걸로 2개 줘요

003

Make no mistake(about it)!

경고하는데!, 분명히 얘기해두는데!

make no mistake (about it)는 자기가 하는 말을 강조하는 표현으로 '내 분명히 말해두는데,'
'틀림없이 …해라' 등의 의미

004

Make your case

정당함을 증명해봐

005

Make yourself at home

편하게 있어, 편히 계세요

006

Man, I can't catch a break

어휴, 기회를 잡을 수가 없네

catch a break는 기회를 잡다

007

Maybe some other time

나중을 기약하지, 다음 기회에 하죠

008

Me neither

나도 안 그래

009

Media's gonna go crazy

언론이 열광할거야

go crazy는 미치다(go mad), 열중하다, 화내다

010

Might I have a sip of water?

물 한 모금만 줄래요?

011

Mind if I join you?

내가 껴도 돼?

Mind if I~?는 내가 …해도 돼?

012 **Mind your own business!**

상관마!, 신경�깨!, 네 일이나 신경써!

013 **Mindy has a way with folks**

민디는 사람들을 잘 다루어

have[get] a way with sb[sth]는 …을 잘 다루다

014 **More power to you**

더욱 성공하기를

별로 성공가능성이 없는 경우에.

015 **Move your ass!**

서둘러!, 빨리와!

move one's ass는 서두르다

016 **Mum's the word**

비밀야, 아무한테도 말하지마

비밀이니까 누구에게도 발설하지 않다라는 의미.

017 **My bad**

내가 잘못했어

앞에 That's~가 생략되었다.

018 My boss is breathing down my neck

상사가 날 너무 철저히 감시해

breathe down my neck은 목 뒤에 상사의 얼굴이 있는 모습을 연상해보면 된다.

019 My ears are ringing

귀가 멍멍해

020 My fingers are crossed

행운을 빌어

I'll keep my fingers crossed라고 해도 된다.

021 My foot is cramping

다리에 쥐가 나

022 My life is falling apart

내 인생이 엉망야, 내 인생이 무너지고 있어

fall apart는 산산조각이 나다, 무너지다

023 My life was full of ups and downs

인생이 파란만장했어

ups and downs는 성쇠, 부침

024

My lips are sealed

비밀 지켜줄게, 나 입 무거워

입술을 봉한다(be sealed)라는 말.

025

My mom gave it to me

엄마한테 한소리 들었어

026

My phone's been ringing off the hook with job offers

일자리를 주겠다는 전화가 줄창 오고 있어

ring off the hook은 줄창 전화가 오다

027

My pleasure

1. 도움이 돼서 기뻐, 별말씀을 2. 반가워

028

My treat

내가 살게

앞에 This is~가 생략되었다.

029

Need I say more?

더 말한해도 알지?

설명을 다했고 혹은 이해하기 뻔한 거니까 더 얘기 안하겠다는 말로 친한 사이에서 쓸 수 있는 말.

030
Neither did I

나도 안그랬어

031
Never better

최고야, 아주 좋아

부정+비교급은 최상급 문장이 된다.

032
Never mind

신경쓰지마, 맘에 두지마

상대방이 감사하거나 미안해할 때 괜찮으니 신경쓰지 말라는 대답으로 많이 쓰이는 표현으로 '신경쓰지마.' '맘에 두지마'라는 뜻.

033
Never say die!

기운내!, 약한 소리하지마!

034
Never thought I'd see you here

여기서 널 보게 될 줄이야

035
Nice going!

참 잘했어!, 잘 한다!

칭찬표현으로 '참 잘했어.' '잘됐네!'라는 의미지만 말투에 따라 '자~알한다'라고 비아냥거릴 때도 사용되는 표현.

036

Nice shit

아주 좋아

037

Nice talking to you

얘기 즐거웠어

앞에 It was~가 생략되었다.

038

Nice to see you

만나서 반가워요, 만나서 반가웠어

039

Nice try

잘했어, 잘 한거야

비록 실패했지만~

040

No big deal

별거 아냐, 대수롭지 않은 일이야

앞에 It's~가 생략된 경우.

041

No can do

안 되겠는걸

042

No damage

손해본건 없어, 괜찮아

= No harm done

043

No doubt about it!

틀림없어!, 확실히 그렇지!

앞에 There is~가 생략되었다.

044

No hard feelings on my part

악의는 아냐, 기분 나쁘게 생각마

앞에 There's~를 넣어도 된다.

045

No joke!

농담아니야!, 정말이라니깐!

046

No kidding

1. 설마? 2. 너 농담하냐! 3. 진심(정말)이야 4. 맞아, 그렇지

047

No offense

악의는 없었어, 기분 나빠하지마

상대방이 오해할 수 있는 상황에서 '악의는 없었어,' '기분 나빠하지마,' '오해하지마'라고 하는 말로, 오해하지 않는다고 하려면 None taken이라고 한다.

048 No problem

(감사에) 뭘, (사과에) 괜찮아, (부탁에) 그럼, 기꺼이, (걱정) 문제 없어

049 No question about it

의문의 여지가 없어, 확실해

050 No strings

아무런 조건없이

뒤에 attached를 붙여서 No strings attached라고 해도 된다.

051 No sweat

걱정마, 힘든 일 아니야, 문제 없어

No problem과 같은 의미로 생각해도 된다.

052 No way!

절대 안돼!, 말도 안돼!

상대방의 말을 강하게 부정할 때.

053 No wonder

어쩐지, 당연하지

당연한 내용까지 적으려면 No wonder S+V 형태로 쓰면 된다.

054 **No, nothing like that**

아니, 그런 건 아냐

055 **No, thank you**

고맙지만 됐어

056 **Nobody knows**

아무도 몰라

057 **Nobody knows what goes on behind closed doors**

아무도 비밀리에 무슨 일이 생기고 있는지 몰라

Nobody knows what S+V는 …는 아무도 몰라

058 **Not (too) much**

1. 별일 없어, 그냥 그럭저럭 2. (약한 부정) 별로 (없어)

059 **Not a big leap to lying**

거짓말과 같은 셈야

not a big leap to~는 …와 거의 마찬가지인 셈이다

A-F

G-I

J-R

S-Y

060 **Not a chance!**

절대 안돼!, 어림없는 소리!

061 **Not a thing**

전혀, 아무 것도

강한 부정.

062 **Not a word**

한 마디도 하지마

참고로 Not another word!는 "더 이상 한마디도 하지마"

063 **Not again!**

어휴 이런 또 야!, 어떻게 또 그럴 수 있어!

064 **Not always**

항상 그런 건 아니다

Not anymore는 이젠 됐어, 지금은 아니야

065 **Not by a long shot**

어떠한 일이 있어도 아냐, 절대로 싫어, 전혀 아니야

부정적으로 강하게 단정지어 대답할 때.

066 Not even close

어림도 없어

067 Not for me

난 싫어, 난 아냐

068 Not if I can help it

할 수만 있다면 피하고 싶어

069 Not likely

아마 안될 걸, 그럴 것 같지 않아, 아닐 걸

070 Not much of a sports fan

난 열광적인 스포츠팬은 아냐

Not much of ~ (I'm)는 …하는 편은 아니야

071 Not my problem

상관없어, 내 알 바 아니지

072 Not right now, thanks

지금은 됐어요

073 Not so fast

너무 서두르지마

074 Not that I know of

내가 알기로는 그렇지 않아

not that I~ 다음에 꼭 know of만 오는 것은 아니다. Not that I recollect [recall], Not that I remember 등 다양하게 쓰일 수 있다.

075 Not that way!

그런 식으론 안돼!, 그렇게는 아냐!

076 Not to worry

걱정 안 해도 돼

문제가 그리 심각하거나 중대하지 않으니까 걱정하지 말라는 표현.

077 Not under any circumstances

결코 그렇지 않아

078 Not very well

안 좋아, 별로야

079 Nothing for me, thanks

고맙지만 전 됐어요

080 Now I remember

이제 생각이 났어

081 Now I understand

이제 알겠어, 이제 이해돼

082 Now I've heard[seen] everything

살다 보니 별 말[걸]을 다 듣[보]겠네

083 Now take it from the top

이제 처음부터 다시 해보자

take it from the top은 처음부터 다시 하다

084

Now that you mention it

말이 나온 김에, 말을 하니까 말인데요, 얘기가 나와서 그런데

잊고 있다 상대방의 말로 해서 기억이 나서 말한다는 뜻으로 '말을 하니까 말인데,' '그 말이 나와서 말인데'라는 의미.

085

Now the shoe's on the other foot

이제는 입장이 바뀌었군

shoe 대신에 boot를 써도 된다.

086

Now there you have me

1. 모르겠어 2. 내가 졌어

087

Now what?

그래서 다음엔 어떻게 할 건데?, 이제 어쩌지?

088

Now you're talking!

이제야 말이 통하네!, 그래 바로 그거야!, 그렇지!

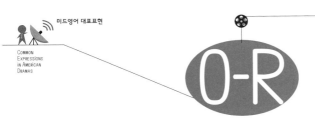

O-R

001

Objection!

이의 있습니다!

법정용어로.

002

Oh, you just caught me off guard!

굉장히 놀랬어!, 생각도 못한 일이야!

catch sb off guard는 경계를 푼 상태에서 혹은 준비가 되지 않은 상태에서 어떤 일이 일어나는 걸 말한다.

003

Okey-dokey[Okie-dokie]

좋아, 됐어, 알았어

004

On what grounds?

무슨 증거로?, 무슨 근거로?

수사물이나 법정드라마에서 자주 쓰이는 표현

005

One way or another

어떻게든, 어떻게 해서든, 무슨 짓을 해서라도

참고로 the other way around는 '역으로,' '거꾸로'

006

or something

…인지 무엇인지, …하던지 하지 뭐, 뭐 그런 거 등

007

or words to that effect

뭐 그 비슷한 말이었어, 뭐 그런 얘기였어

앞에서 한 말과 비슷한 내용을 담고 있는 다른 말이란 뜻으로 바로 앞에서 한 말이 자신이 없을 때 덧붙여 사용한다. or something to that effect라고도 한다.

008

Out with it!

다 털어놔봐!, 말해 봐!

주저하고 있는 상대방에게 다 털어놓으라고 하는 말.

009

Over my dead body

내 눈에 흙이[목에 칼이] 들어가기 전엔 안돼

상대방이 이 말을 하면 That can be arranged(내가 죽여주면 되겠네)라고 받아칠 수 있다.

010

Pace yourself

서두르지마

011

Pack it up

그만두다

pack it up은 하던 일을 끝내다, 하루 일과를 마무리하다라는 뜻으로 wrap it up이라고 해도 된다.

012 Pardon my french

욕해서 미안한데

pardon[excuse] my french는 상스러운 말이나 욕을 한 후 혹은 하기 전에 사과하다.

013 Pardon the expression

이런 말을 써도 될지 모르겠지만

014 Period

이상 끝

015 Phone call for you

너한테 전화왔어

앞에 There's a~를 붙여도 된다.

016 Piss on that

말도 안되는 말은 하지마

017 Please cover for me

내 대신 좀 해줘, (경찰) 엄호해줘

총격전에서 나를 엄호해달라는 말이 되지만 사무실에서 쓰이면 '자신의 일을 대신 봐주다'라는 뜻이 된다.

018
Please don't butt in

끼어들지마

= This doesn't involve you, so go away

019
Please don't do that

제발 그러지마

020
Please don't freak out

침착하라고, 흥분하지마

freak out은 질겁하다, 놀라다

021
Please don't give me a hard time

날 힘들게 하지마

give sb a hard time은 …을 힘들게 하다

022
Please fill it up

(기름) 가득 채워주세요

주유소 영어로 it 대신에 her를 써도 된다.

023
Please forgive me

용서해줘

024 **Please get it done by tomorrow**

내일까지 마무리해

get it done은 좀 늦은 일을 빨리 마무리하라는 뉘앙스가 깔려 있다.

025 **Please keep me company**

같이 있어줘, 말[길]동무 해줘

역시 무관사 company는 일행, 동행, 같이 있는 사람을 뜻한다.

026 **Please stop bugging me**

나 좀 귀찮게 하지마

bug sb는 …을 귀찮게 하다

027 **Point well taken**

무슨 말인지 잘 알았어

I take your point는 네 말을 이해하다, You've made your point는 네 뜻이 뭔지 알겠어

028 **Problem solved**

문제는 해결됐어

029 **Pull over right here**

바로 여기에 차를 세워요

pull over는 차를 길가에 세우다, 참고로 pull up은 신호등에 차를 세우다

030 **Pull yourself together**

기운 내, 똑바로 잘해, 정신차려

get your act together와 같은 맥락의 표현.

031 **Put me to work**

내게도 일을 줘

put sb to work는 …에게 일을 주다

032 **Put today behind us**

오늘 일은 잊어버리자

put~behind us는 …을 잊어버리다

033 **Put your hands together**

큰 박수를 쳐줘

034 **Put yourself out there**

당당하고 자신있게 나서봐

"난 당당히 나서서 내 본능대로 행동했어"라고 하려면 I put myself out there and act on my instincts.

035 **Put your cards on the table**

속마음을 꺼내봐, 다 털어놔봐

Put 대신에 Lay라고 해도 된다.

036

Remember your manners

1. 버릇없이 굴지 말구 2. 예의를 지켜야지

037

Rest assured

안심해도 돼, 걱정하지 말아

Rest assured (that) S+V는 …할테니 걱정하지마

038

Right away

지금 당장

상대방의 지시를 바로 따르겠다면서

039

Right back at ya

너와 같은 생각이야

Right back at ya[you]는 너와 같은 생각이야, 나도 그래

040

Right behind you (I'm)

나도 네 말에 찬성야, 네 말에 동의해

앞에 I'm~이 생략되었다.

041

Right there with ya

나도 같은 생각이야

(I'm) Right there with you는 나도 동감이야, I'm right there with sb는 …함께 있다

042
Rise and shine!

(잠자리에서) 일어나!

043
Rules are rules

규칙은 규칙이니까요

044
Run it by me again

다시 한번 설명해줘

run it[that] by sb는 ···에게 다시 상의하다

A: I think I'm going to ask them what they're talking about.
B: Why don't you **mind your own business?**
A: Perhaps I should.

★Why don't you
Why don't you+V?는 상대방에게 제안하는 패턴.

A: 걔네들이 무슨 얘기를 하는지 물어봐야겠어.
B: 네 일이나 신경쓰지 그래.
A: 그래야겠군.

A: I say we fly there for the weekend.
B: **Now you're talking!**
A: Let's see if any of the other guys are interested.

★Let's see if
Let's see if~는 …인지 알아보자, 확인해보다라는 패턴.

A: 저기, 주말에 거기 갈 때 비행기 타고 가자.
B: 이제야 말이 통하는군!
A: 다른 사람들 중에서 관심있는 사람들이 있나 보자.

A: I'll have a club sandwich with fries.
B: **Make it two.**
A: I thought that you were on a diet.

★were on a diet
be on a diet는 다이어트를 하다

A: 난 감자 튀김과 샌드위치 먹을 거야.
B: 같은 걸로 주세요.
A: 다이어트 하는 줄 알았는데.

A: I bet you, John <u>got into big trouble</u> this morning for being late.
B: **Look who's talking.**
A: I had an excuse for being late.

★got into big trouble

get into big trouble은 곤경에 처하다

A: 잔 네가 오늘 아침 늦어서 큰 문제를 일으켰을거야.
B: 남말 하구 있네.
A: 난 지각할 만한 이유가 있었다구.

A: I've been here for thirteen hours.
B: Me too, **let's call it a day.**
A: <u>Sounds good to me.</u>

★Sounds good to me.

Sounds good to me 를 강조하려면 Sounds great to me라고 하면 되고, 맨 앞에 It~이 생략 된 문장이다.

A: 열세 시간 동안 여기에 있었어.
B: 저두요, 퇴근하죠.
A: 좋은 생각이네.

A: <u>I can't believe that</u> it's been ten years since we last saw each other.
B: Has it been that long?
A: **Let's keep in touch!**

★I can't believe that

I can't believe that S+V는 that 이하를 못믿 겠다는게 아니라 믿지 못 할 정도로 놀라운 사실을 말할 때 사용한다.

A: 우리가 마지막으로 본 게 벌써 10년 전 일이라니.
B: 그렇게 오래됐어?
A: 연락하고 지내자구!

S T U V W X Y Z

S–Y

S

001 Same as always

맨날 똑같지 뭐

002 Same here

1. 나도 그래, 동의해 2.(식당) 같은 걸로

003 Same to you

너도

004 Save it

말할 필요가 없어, 변명하지마, 핑계대지마

Save it = Save your breath

005 Saved by the bell

가까스로 위기를 면했어

006 **Say hello to your wife**

부인한테 안부 전해 줘

007 **Say it again?**

뭐라구?, 다시 한번 말해줄래?

= I'm sorry? = Excuse me? = Come again?

008 **Say no more**

더 말 안해도 알아, 무슨 말인지 말 안 해도 알겠어

상대말에 동의하고 따르겠다는 표현으로 문맥에 따라 글자 그대로 '더 말하지 마라'라는 의미로도 쓰인다.

009 **Say what?**

뭐라고?, 다시 말해줄래?

상대말에 다소 놀라 말하는 것으로 '뭐라고?,' '다시 말해줄래?'라는 의미. 문맥에 따라 글자 그대로 '뭘 말하라고?'라는 뜻으로도 쓰인다.

010 **Say when**

됐으면 말해, 됐으면 그만이라고 말해

술을 따라주면서 상대방이 원하는 충분한 양이 되었을 경우 말해달라는 것으로 됐다고 대답할 때는 When이라고 하면 된다.

011 **Says who?**

누가 그래?, 누가 어쨌다구?

Common
Expressions
In American
Dramas

012 **Sean had a pact with his best friends**

션은 친한 친구들과 약속을 했어

make[have] a pack with는 의견일치를 보다. 서로 짜다. break one's pack은 약속을 깨다

013 **Search me**

난 몰라

한참 앞에서 나온 Beats me와 같은 의미의 표현.

014 **See what I'm saying?**

무슨 말인지 알지?

015 **See you around**

또 만나, 이따 보자, 다음에 봐, 곧 보자

앞에 I will~이 생략된 경우이다.

016 **See you later (I'll)**

나중에 봐

017 **See you then (I'll)**

(약속한 날에 보자며) 그럼 그때 보자

See you there은 그곳에서 보자

018 See, I told you

거봐, 내가 뭐랬어, 내 말이 맞지

019 Seeing as how you sleep in the nude,

네가 다벗고 자는 것으로 봐서,

seeing as how~는 …인 것으로 봐서

020 Shame on you!

부끄러운 줄 알아야지!, 창피한 일이야!

021 Shape up or ship out

제대로 하지 않으려면 나가라

022 She can't take her eyes off of Tony

걘 토니에게 뿅갔어

can't take one's eyes off (of)~는 …에 뿅가다, …에게서 눈을 떼지 못하다

023 She could be in the CIA for all we know

걔는 CIA일 수도 있어, 누가 알겠어

~ for all we(I) know는 우리가 아는 바로는, …이런 거 아닌가, …인지 누가 알아

024 She finally threw in the towel

걘 마침내 포기했어

throw in the towel은 수건을 던지다라는 말로 포기하다, 기권하다

025 She flipped out

걔가 화를 벌컥 냈어

flip (out)은 매우 화내다, 열광하다

026 She framed me

걘 나에게 누명을 씌웠어

be framed는 함정에 빠지다, 누명쓰다

027 She gave it to me

1. 나 걔한테 혼쭐이 났어   2. 나 걔하고 섹스했어

또한 give it to~는 글자 그대로 그것을 …에게 주다라는 뜻으로도 쓰인다.

028 She got her hooks in me

난 그녀에게 확 꽂혔어

get[have] one's hooks in(to) sb는 …을 사로잡다, 컨트롤하다, …가 …에 확 꽂히다

029 She had the goods on me

내가 나쁜 짓한 걸 걔가 잘 알고 있어

have[get] the goods on sb는 나쁜 짓 한 증거를 갖고 있다.

030 She has an appetite for rap music

걘 랩음악을 좋아해

have an appetite for~는 …을 좋아하다

031 She has an ax to grind

걘 딴 속셈이 있어

032 She has her eyes on the prize

걘 상품에 눈독들이고 있어

have[get] one's eyes on sb는 탐내다, 눈독들이다, 눈여겨보다. have[get] one's eyes on sth은 원하다, 갖고 싶어하다

033 She is not marriage material

그 여자는 결혼상대는 아냐

034 She is on a roll

걔 한창 잘 나가고 있어, 걔 요새 상승세야

be on a roll은 잘 나가다

035 She is out of the woods

이제 어려운 고비는 넘겼어

be out of the woods는 어려운 고비를 넘기다, 힘든 상황을 넘기다

036

She is up in arms about her daughter

걔는 자기 딸에 대해 분개하고 있어

be up in arms~는 (…로) 걔 열받았어

037

She knows her way around a mattress

걔는 섹스에 대해 잘 알고 있어

know one's way around는 사정을 훤히 알고 있다, 자기 할 일을 잘 알고 있다.

038

She let it slip through her fingers

걘 기회를 놓쳤어

slip through one's fingers는 놓치다, 빠져나가다, 기회를 놓치다, 그리고 let a thing slip
through one's fingers는 …을 놓치다

039

She lied to cover her ass

걘 다치지 않기 위해 거짓말을 했어

cover one's (own) ass[butt]는 (위험, 비난, 손해) 대비하다, 뒤를 봐주다, 치부를 가려주다, 변
명으로 발뺌하다 = cover oneself against, cover one's back

040

She made a play for Tom

걘 탐을 유혹하려고 했어

make a play for sb는 상대방과 데이트나 관계를 맺으려 하다, make a play for sth은 직장
이나 직위 등 중요한 것을 얻으려고 노력하다

041

She passed out behind the wheel

운전하다 정신을 잃었어

pass out은 졸도하다, 정신을 잃다

042 She played right into their hands

걔는 그들의 손에 놀아났어

play into sb's hands는 (주어가 …의 손에) 놀아나다. 그리고 play sb는 …를 갖고 놀다

043 She popped a few vicodin

걘 바이코딘 몇 알을 먹었어

be popping pills는 약을 많이 복용하다. pop a+약물은 …약을 먹다

044 She put me up to it

걔가 선동해서 그 짓을 하게 된거야

put sb up to sth은 sb를 부추켜서 …을 하게 하다

045 She put the word out

걔가 사람들에 얘기를 했어

put the word out (on~)은 말을 꺼내다. 말을 시작하다. 사람들에게 알리다. put the word out that S+V는 …라는 말을 꺼내다

046 She thinks she can dance

제 딴에는 춤 좀 춘다고 생각해

하지만 실제는 아니다라는 말.

047 She took her own life

걘 자살했어

take one's own life은 자살하다. hang oneself 역시 자살하다

048 She treats you like shit

걘 널 개떡같이 여겨

treat sb like shit은 …을 개떡같이 여기다, 못되게 대하다. look like shit은 꼴이 말이 아니다. 똥씹은 표정이다

049 She was busted for prostitution

걔는 매춘혐의로 체포됐어

get busted for는 체포되다. bust sb는 체포하다. take sb in 역시 체포하다(arrest) . 그리고 pick sb up은 체포하다, 연행하다

050 She was firing on all cylinders

걔는 최선을 다했어

be firing on all cylinders는 전력을 다하다, 효과적으로 일처리하다

051 She was stumped

(대답을 못 찾아) 걔는 쩔쩔맸어, 난처해졌어

052 She went cold turkey

걘 담배를 끊었어

go cold turkey는 '갑자기 중단하다, 끊다'

053 She will figure a way out

걘 문제를 해결할 방법을 찾아낼거야

figure out은 이해하다, 알아내다, 생각해내다. figure out way to~는 …할 방법을 찾아내다

A-F

G-I

J-R

S-Y

054

She won't know what hit her

개는 너무 놀라 어쩔 줄 모를거야

not know what hit sb는 너무 놀라 어쩔 줄을 모르다, 너무 놀라고 혼란스러워하다

055

She wormed her way into my family

걘 교묘하게 우리 가족의 환심을 샀어

worm one's way into~는 교묘하게 빌붙다, 교묘하게 환심을 하다

056

She's a big shot

걘 거물이야

057

She's been on the horn with all of her friends

종일 전화통을 붙잡고 친구들과 통화하고 있어

be on the horn with는 '…와 통화중이다'

058

She's being prepped for surgery

개는 수술 준비를 하고 있어

be prepped for는 …할 준비가 되다

059

She's being super stuck up

걘 정말 거만해

be super stuck up은 정말 거만하다(be arrogant), 잘난 척하다 . 그리고 be[get] stuck up~은 …에 갇힌다, 끼이다

060

She's bluffing

걘 허풍떠는거야, 뻥이야

061

She's bringing out the big guns

걘 비장의 카드를 꺼냈어

bring out the big guns는 비장의 카드를 꺼내다, roll out the big guns는 비장의 카드를 쓰다

062

She's friends with my brother

그녀는 우리 형하고 친구야

be friends with sb는 …와 친구사이이다

063

She's gonna mooch off us

걔는 우리에게 빌붙어살거야

mooch off는 돈도 안주고 빌붙어살다(sponge off 빌붙어지내다), 빈대붙다

064

She's gonna show up

걘 올거야

show up은 약속 장소에 나오다

065

She's got another thing coming

걘 그러다 큰 코 다칠거야

have got another thing coming은 그렇게 하다가는 큰 코 다칠 수 있어

A-F

G-I

J-R

S-Y

066
She's got her bases covered

걘 만반의 준비를 다했어

cover (all) the bases는 모든 준비를 하다, 모든 사태에 대비하다, have all the bases covered는 준비를 철저히 하다

067
She's having a baby

걘 임신 중이야

068
She's having drinks with her date

걘 애인과 술을 마시고 있어

be having drinks with sb는 …와 함께 술을 마시다

069
She's not competent to stand trial

걔는 소송무능력자야

stand trial은 재판을 받다, be on trial은 재판중이다, 그리고 put sb on trial은 재판에 회부하다

070
She's not shy about her porn

걘 꺼리낌없이 포르노를 갖고 있다고 말해

be not shy about+N[~ing]은 기꺼이 …하다, 전혀 꺼리낌없이 …하다, be[feel] shy of[about]~ing는 …까지는 하지 않다

071
She's on parole

걔는 가석방됐어

on parole은 가석방되어, parole board는 가석방 위원회, 그리고 parole hearing은 가석방 청문회

072 She's really depressed

쟤는 정말 지쳤어, 의기소침해 있어, 낙담해 있어

073 She's really good in bed

걘 정말 밤일 잘해

good in bed는 섹스를 잘하는

074 She's still running a fever

걔 아직 열이나

075 She's suing me for sole custody

걘 단독양육권을 얻기 위해 내게 소송을 걸거야

have custody of~는 양육권을 갖다, have[get] sole custody of~는 단독으로 양육권을 갖다

076 She's trying to butter up her boss

걔는 사장에게 아부하려고 해

butter up[away]은 아부하다

077 She's trying to get into your head

걔는 너를 통제하려는거야

get into sb's head는 …의 행동[사고] 통제하거나 영향을 주다

078 She's very supportive

걔 도움이 많이 되고 있어, 걔 무척 협조적이야

079 Shit happens

(살다보면) 재수없는 일도 생기는 법이야, 똥 밟을 때도 있는 거지

080 Shove it

집어치워, 그만둬

shove it (up your ass)은 꺼지다, 집어치우다, 말도 안되는 소리를 하다, 그리고 Shove[Stick] it up your ass는 엿이나 먹어라

081 Show me what you got

네 실력을 보여줘

082 Shut the fuck up!

아가리 닥쳐!

Shut your mouth!는 입닥쳐!

083 Skip it

다음으로 넘어 가자, 그건 빼고

084

Snap to it!

빨리해!

snap to it은 바로 하다, 서두르다, 그리고 snap it up은 (거래) 바로 채가다, 사가다

085

So be it

그렇게 되라지, 그래 그렇게 해, 맘대로 해

체념해서 혹은 승낙할 때

086

So help me

맹세컨대

087

So I figured it out

그래서 (연유를) 알게 되었지

088

So much for that

얘기하면 한도 끝도 없어, 얘기가 길어져, 물건너 갔네

089

So shoot me

그래서 어쨌다는 거야?, 배째

090 So what?

그래서 뭐가 어쨌다고?

091 So, sue me

그럼 고소해 봐

상대방이 싫어해도 '난 내가 하고 싶은대로 할테다'라는 의미.

092 So, tell me

자 말해봐, 얘기해봐

093 So, what's your plan B?

그 다음 계획은 뭐야?, 차선책은 뭐야?

094 Someone is out to get you

누가 널 해칠거야

be out to get sb는 …을 힘들게 하다(want to cause trouble for sb), …을 해치게 하다

095 Something wrong?

뭐 잘못된거야?

앞에 Is~가 생략되었다. 혹은 Something's wrong?이라고 해도 된다.

096 **Something's been nagging me**

뭔가 날 성가시게 해

nag는 성가시게 하다, 귀찮게 하다

097 **Something's come up**

일이 좀 생겼어

Something's~ = Something has~

098 **Sorry to keep you waiting so long**

오래 기다리게 해서 미안해

099 **Sorry, wrong number**

죄송하지만 전화 잘못 거셨네요

100 **Sort of**

어느 정도는, 다소

= kind of

101 **Sounds like a motive to me**

살해동기처럼 들리는데

motive는 (살해) 동기, ulterior motive는 숨은 동기, 저의

102

Spare me the details

요점만 말해, 자세히 말하지마

spare sb the details는 지겹거나 불쾌해서 자세한 내용을 …에게 말하지 않다. spare sb sth
은 불쾌하거나 힘든 상황을 면하게 해주다

103

Spare me

헛소리하지마, 집어치워, 그런 말은 듣고 싶지 않아

104

Speak for yourself

그건 그쪽 얘기죠, 너나 그렇지

105

Spit it out!

숨기지 말고 다 털어놔!, 까놓고 얘기해봐!

spit it out은 까놓다 다 말하다, 다 털어놓다

106

Stay out of this!

끼어들지마!

107

Stay out of trouble

말썽 피지마, 문제 일으키지마

108

Stay put

그대로 있어

109

Stay with me

가지마, 침착해, (죽어가는 사람) 정신차려

110

Step on it!

빨리 해!, (엑셀) 더 밟아!

111

Stick with it

포기하지마, 계속해

112

Still undefeated. Never lost. Never will

난 불패야, 과거에도 안졌고 앞으로도 안질거야

still[stay] undefeated는 (변호사) 패할 줄 모르다

113

Stop bothering me

나 좀 가만히 놔둬, 그만 괴롭혀

114
Stop bragging about it

제발 잘난 척 좀 그만해

brag about은 잘난 척하다

115
Stop it!

그만 둬!

116
Stop saying that!

닥치라고!, 그만 좀 얘기해!, 그 얘기 좀 그만해!

117
Stop beating yourself up

그만 자책해, 너무 죄책감 느끼지마

Stop 대신에 Quit을 쓰기도 한다.

118
Suffice it to say she's my ex

걔는 내 전처라고만 말해둘게

suffice it to say (that~)는 …라고만 말해두자

119
Suit yourself!

네 멋대로 해!, 맘대로 해!, 좋을대로 해!

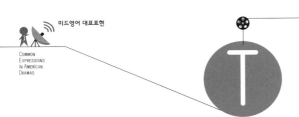

001 Take a deep breath

숨을 깊게 들이쉬어, 진정해

002 Take a hike!

가버려!, 꺼져 버려!

003 Take a load off

진정하고 앉아

take a load off는 앉다, 안심하다, 마음의 짐을 덜다

004 Take care!

몸 조심하고!

You take care!이라고 해도 된다.

005 Take it down a notch

진정해라

006

Take it easy

1. 좀 쉬어가면서 해, 천천히 해 2. 진정해 3. 잘 지내

007

Take it from me,

내 말을 들어봐,

참고로 take it out from the top은 '처음부터 다시 시작하다'

008

Take it or leave it

선택의 여지가 없어, 받든지 말든지 알아서 해

009

Take it up with your boss

사장하고 이야기해봐

010

Take my word for it

진짜라니까, 믿어줘, 내 말 믿어

"너 그거 내말을 믿어야 돼"는 You just have to take my word for it.

011

Take your time

천천히 해, 서두르지마

= Hold your horse

012 **Talk about selfish!**

이기적이라면 그 사람 따라갈 수가 없어!

Talk about~은 주로 비꼴 때 사용하는 표현으로 '…얘기는 말도 마,' '…치고 최고군'이라는 뜻.

013 **Talk to you soon**

또 걸게, 다음에 이야기하자

014 **Tell her what?**

걔에게 뭐라고 하라고?, 뭐를 말하라고?

015 **Tell me about it!**

내말이!, 그러게나 말야!, 누가 아니래!, 그렇고 말고!

앞부분을 강조해서 말하면 상대의 말을 긍정하는 말.

016 **Tell me another (one)**

말도 안되는 소리하지마, 거짓말 마, 헛소리 하지마

상대방의 말이 거짓임을 이미 알고 있다는 뜻으로 다른 거짓을 말해보라고 하는 말

017 **Tell me something**

말해봐, 말 좀 해봐

018
Tell me what happened

무슨 일이 있었는지 말해

019
Tell me what you're thinking

네 생각이 뭔지 말해봐

020
Thanks for the heads up

알려줘서 고마워

heads up은 사전정보

021
That depends

상황에 따라 달라, 경우에 따라 달라

That all depends라고도 한다.

022
That ain't the way I heard it

내가 듣기로는 그게 아닌데, 나는 다르게 들었는데

023
That being said,

그래도,

That being so는 그래서, 그렇다면

024 That burns me up!

정말 열받네!

025 That can't be

뭔가 잘못된거야, 그럴 리가 없어

026 That can't happen

말도 안돼, 그렇지 않아

027 That can't wait

이건 급해

028 That didn't strike you as odd?

그게 이상하다는 느낌이 들지 않았어?

strike sb as (being)~는 …가 …하다는 느낌을 받다, …에게 …한 느낌을 주다, 그리고 It strikes sb as odd that~은 …가 이상하다는 느낌을 …가 느끼다

029 That doesn't prove anything

그건 아무런 증거가 되지 않아

That doesn't prove~는 그건 …한 증거가 되지 않아

030 **That explains it**

그럼 설명이 되네, 아 그래서 이런 거구나, 이제 알겠네

031 **That figures**

그럴 줄 알았어, 그럼 그렇지

032 **That fits the bill**

그렇게 하면 돼

요구되는 조건이나 자질을 충족시켜준다는 말로 '딱 들어맞다'

033 **That gives me an idea**

그러고 보니 좋은 수가 떠올랐어

034 **That happens**

그럴 수도 있지, 그런 일도 있기 마련이지

That happened라고 쓰기도 한다.

035 **That has a nice ring to it**

말이 그럴 듯해

036

That has never happened before

난생 처음 겪는 일이야

037

That helps

(간혹) 도움이 돼

038

That hurts

그거 안됐네, 마음이 아파

039

That is how it's done

이렇게 하는거야

040

That leaves us with two options

그렇게 되면 우리에겐 남는 것은 두가지 옵션이야

That leaves us with~는 그렇게 되면 우리에게는 …가 남는다, 그럼 우리에게 남는 것은 …이야

041

That makes sense

일리가 있군

make sense는 말이 되다, 일리가 있다

042
That makes two of us

동감이야, 나도 마찬가지야, 나도 그렇게 생각해

상대방의 말에 찬성할 때.

043
That reminds me

그러고 보니 생각나네, 그 말을 듣고 보니

생각나는 것까지 말하려면 That reminds me of~라고 쓰면 된다.

044
That rings a bell

얼핏 기억이 나네, 문득 떠오르는 게 있어

"뭐 기억나는거 없어?"는 Does that ring a bell?

045
That settles it, then

그럼 해결된거야

046
That should do it

그 정도면 됐어

047
That takes the cake

너무 뻔뻔해, 정말 어처구니가 없군

COMMON
EXPRESSIONS
IN AMERICAN
DRAMAS

048

That was a close call

하마터면 큰일날 뻔했네, 위험천만이었어, 굉장히 위험했어

That was close는 아슬아슬했어

049

That was that

일이 그렇게 된거야

= That's the story

050

That will do

그 정도면 돼, 그만하면 됐어

뒤에 it을 붙여 That will do it이라고 쓰기도 한다.

051

That will do you good

그게 도움이 될거야, 굉장히 좋을거야

052

That will make your head spin

그 때문에 네 머리가 돌게 될거야

make a person's head spin[go around, swim]은 사람의 머리를 혼란하게 하다, 어리둥절
하게 하다

053

That would be great

그거 좋지

054 **That would be telling**

그런 말이겠구나, 그러면 되겠구나

055 **That's a new one for me!**

이런 일은 처음이야, 이런 적 없었는데!

어떤 사실에 대해 놀라움을 나타낼 때.

056 **That's me**

그게 나야, 나 원래 그런놈야, (호명에) 접니다

That's very me라고도 한다.

057 **That's about it**

그런거야, 그렇게 되는거야

058 **That's no lie**

진심예요

059 **That's not you**

그건 너답지 않아

060

That's the beauty of it

그게 좋은 점이지

061

That's the least of it

그건 약과이고, 그건 기본이고

062

That's the limit

더 이상 못참아

063

That'll all I ask

내가 바라는 건 그 뿐이야

064

That'll really work up your appetite for lunch

그럼 점심생각이 날거야

work up an appetite는 운동을 통해서 '식욕을 돋우다,' '불러일으키다'

065

That'll teach her!

그래도 싸지!, 당연한 대가야!, 좋은 공부가 될거야!

066

That's the way it goes

다 그런 거지 뭐, 어쩔 수 없는 일이야

067

That's (just) too much!

1. 해도 해도 너무해! 2. 그럴 필요없는데!

068

That's a blast from the past

옛 생각 많이 나게 하네

a blast from the past는 '옛 시절을 생각나게 하는 사람[것]'

069

That's a downer

김빠지네, 실망스럽네, 암울해

What a downer!는 야, 참 실망이네!

070

That's a drag

지겨운거야, 짜증나는거야

071

That's a good point

좋은 지적이야, 맞는 말이야

A-F

G-I

J-R

S-Y

072
That's a good question

좋은 질문이야, 그러게나 말야

That's a (very) good question은 (진짜) 좋은 질문이야. (답을 모르거나 생각이 안날 때)그러게나 말야, 나도 모르겠는데

073
That's a load off my mind

그럼 안심이야, 다행이야, 마음이 좀 놓이네

맘속에서 짐(load)을 덜어놓다라는 뜻.

074
That's a toughie

어려운 결정이네

= That's a tough decision to make.

075
That's all I need

내가 필요한 건 그게 다야

076
That's all right

괜찮아, 됐어

상대방의 사과 혹은 감사하다는 말에.

077
That's all that matters

바로 그게 중요한거야, 가장 중요한거지

078 **That's all there is to it**

그 뿐이야, 그게 다야

079 **That's all well and good,**

그것도 괜찮기는 하지만,

That's all well and good, but~은 그것도 괜찮기는 하지만…

080 **That's all you got to do**

넌 그것만 하면 돼

081 **That's all you got?**

그게 다야?

082 **That's all you got**

넌 그게 다야, 그것뿐이야

앞선 문장이 의문문인데 반하여 여기는 평서문으로 쓰인 경우.

083 **That's all[what] she wrote**

더 이상은 없다, 더 이상 할 일이 없다

084 That's another story

그건 또 다른 얘기야, 사정이 다른 얘기야

another 대신에 a different를 써도 된다.

085 That's anybody's guess

아무도 몰라

086 That's big of you

친절하기도 하지, 맘이 넓기도 하지, 정말 자상해

That's big of you to+V는 …하다니 친절하시네요

087 That's catching on

그게 유행이야

088 That's cool

멋있다, 괜찮은데

089 That's easy for you to say

그렇게 말하기는 쉽지, 말이야 그렇지

090

That's enough!

이제 그만!, 됐어 그만해!, 그만 좀 해!

091

That's fine by me

난 괜찮아

by 대신에 with를 써도 된다.

092

That's for sure

확실하지, 물론이지

093

That's funny

거참 이상하네

094

That's getting on my nerves

신경 거슬려, 열받아

get on one's nerves는 신경거슬리게 하다

095

That's great

아주 좋아, 잘됐다, 바로 그거야

096 That's how I take it

그렇게 생각하고 있는데

be how I take it은 상대방의 말이나 어떤 상황을 그렇게 이해하고 받아들였다는 표현.

097 That's interesting

흥미롭네

098 That's it

1. 그게 다야 2. 그만 됐어, 이제 못참겠어

099 That's just my luck

내가 그렇지 뭐

100 That's more like it

그게 더 낫네, 바로 그거야

~be more like it은 처음보다 이번에 선택한 것이 더 좋은 경우를 말하는 것.

101 That's my point

내 말이 그거야, 바로 그거야

102

That's nice

(상대방의 말이나 제안에) 좋아, 괜찮은데

103

That's no big deal

별거 아냐

104

That's no excuse

그건 변명거리가 안돼

말도 안되는 변명을 늘어놓는 사람에게.

105

That's not right

그렇지 않아, 그게 아니야

right 앞에 quite을 넣어 강조할 수도 있다.

106

That's not a good idea

별로 좋은 생각이 아냐

107

That's not fair

그건 공평하지가 않아

108

That's not gonna happen

그럴 일 없을거야, 난 그러지 않을거야

(That's) Not gonna happen은 그런 일은 없을거야, 그렇게는 안될거야, 난 안그럴거야

109

That's not good

좋지 않은데

That's[This is] not good은 상당이 안좋은, That's not good for me는 내게는 좋지 않은데, 그리고 That's not good enough는 그걸로 충분하지 않아

110

That's not how it works

그렇게는 안돼

111

That's not my cup of tea

내 취향이 아냐

Not my cup of tea라고 해도 된다.

112

That's not my thing

난 그런 건 질색이야, 내 관심사 밖이야

113

That's not the point

핵심은 그게 아니라고, 그게 중요한 게 아냐, 요점은 그게 아니야

114
That's not what I mean
실은 그런 뜻이 아냐

115
That's off limits
거긴 가면 안돼

116
That's our crime scene
여기 우리가 담당하는 범죄현장이야

117
That's really something
정말 대단해, 거 굉장하네

118
That's right
맞아, 그래

상대방 말에 동의하면서

119
That's sick
말도 안돼, 역겨워

120

That's terrific!

끝내주네!

121

That's the idea

바로 그거야, 바로 그럴 생각야, 좋은 생각이야

122

That's the last straw

해도해도 너무 하는군, 더 이상 못 참아

해야하는 일이지만 불쾌하거나 바람직하지 않은 일로 어떤 일에 대해서 도저히 더 견디지 못해서 하는 표현이다.

123

That's the thing!

그거라니까!, 그렇지!, 바로 그게 문제야!

That's the stuff는 바로 그거야, 잘했어

124

That's the truth

그건 사실이야, 맞는 말이야, 정말이야

125

That's the way the cookie crumbles

사는 게 다 그런 거지

126

That's the whole story

자초지종이 그렇게 된거야

127

That's too bad

저런, 안됐네, 이를 어쩌나

128

That's weird

거 이상하네

이상한 사람은 weirdo.

129

That's what gets him off

그게 그 놈을 흥분시킨거지

130

That's what I thought

나도 그렇게 생각했어, 나도 그 생각이야

강조하려면 That's~ 다음에 exactly를 넣어야 한다.

131

That's what I'm saying

내 말이 바로 그거야

132

That's what they all say

다들 그렇게 말하겠지

Well that's what we all say는 다들 그렇게 말하지. That's what you all say는 너 맨날 그
렇게 말하지

133

That's what you think

그건 네 생각이고

134

That's where it gets a little tricky

그 부분이 좀 문제야

tricky는 까다로운

135

That's where you're wrong

그 점이 틀린 거야, 넌 거기서 잘못 생각하는거야

136

That's who we need to find

그게 바로 우리가 찾아야 되는 사람이야

That's who S+V는 그게 바로 …한 사람이야

137

That's why!

바로 그거야!, 그게 이유야!

138 **That's so sweet**

고맙기도 해라, 정말 고마워, 너무 친절해

139 **The big kids gang up on the weaker ones**

큰 애들은 약한 애들은 무리지어 괴롭혀

gang up on sb는 집단으로 공격하다, 무리지어 괴롭히다

140 **The cat's out of the bag**

비밀이 들통났어

141 **The coast is clear**

이제 안전해, 지금이 기회야

두리번거리면서

142 **The coroner is beginning an autopsy**

검시관이 검시를 시작했어

143 **The court will hold you in contempt**

당신을 법정 모독죄로 구속하겠습니다

144 **The DNA doesn't match**

DNA가 일치하지 않아

145 **The evidence says you did**

증거에 의하면 네가 그랬어

146 **The group and Chris mapped out their plan**

크리스와 사람들이 계획을 세웠어

map something out은 준비하다, 세심히 계획하다

147 **The hard part is still to come**

아직 힘든 상황은 오지 않았어

148 **The heart wants what it wants**

내키는 대로 하다

the heart wants what it wants는 하고 싶은대로 하다, 맘은 원하는대로 하려 한다

149 **The hell with that!**

알게 뭐람!, 맘대로 해!

150

The injuries are consistent with an accident

상처는 사고와 일치하지 않아

be consistent with~는 …와 일치하다

151

The jig is up

(계략이) 뽀록났어, 들통났어, 들켰다

152

The killer is on the loose

살인범이 도주 중이야

be on the loose는 도망 중이다, 탈주 중이다

153

The murderer was nailed this morning

살인자가 오늘 아침 잡혔어

nail은 속어로 체포하다

154

The offer's still on the table?

그 제안 아직 유효한거지?

be on the table은 아직 유효하다, 논의중이다. 그리고 be off the table은 제외되다

155

The relationship has gone to pot

관계가 안 좋아졌어

go to pot은 망하다, 악화되다

156
The same goes for you

너도 마찬가지야

The same goes for~는 …도 마찬가지야

157
The shame of it all!

부끄러운 일이야!, 부끄러워서 혼났네!

The shame of it (all)은 '아이고 창피해라,' '부끄러워라'라는 말. The shame of it is (that)
S+V의 형태로 '부끄러운 일은 …이야'라고 표현할 수 있다.

158
The usual

늘상 그래, 하(먹)던 걸로

159
The way I look at it is, I get all the good stuff

내가 보기에 내가 갖고 있는게 괜찮은 것들야

The way I look at it is~는 내가 보기엔 …이다

160
The way I see it

내가 보기엔

자신의 생각이라는 점을 강조해서 말할 때

161
The words just wouldn't come out of my mouth

말이 안 나왔을 뿐이야

162

There comes a point when you wanna do bad things

나쁜 짓을 하고 싶을 때도 있는거야

There comes a time[point] when[where]~은 …한 때도 있다

163

There is a lot of chemistry between you and me

너하고 난 아주 잘 통해

164

There is no doubt about it!

틀림없어!

앞의 There is~는 생략되곤 한다.

165

There is no excuse for it

그건 변명의 여지가 없어

166

There is nothing like that!

저 만한 게 없지!

167

There it is

자 여기 있어

¹⁶⁸

There will be hell to pay

나중에 몹시 성가시게 될거야, 뒤탈이 생길텐데

어리석은 짓을 하려는 상대방에게 충고나 경고할 때

¹⁶⁹

There you are

1. 여기 있어 2. 그것봐, 내가 뭐랬어

¹⁷⁰

There you are

1. (물건 주며) 여기 있어 2. 그것봐, 내가 뭐랬어 3. 그렇게 된 거였어

¹⁷¹

There you go

1. 그래 그렇게 하는거야 2. 그것 봐 내 말이 맞지 3. 자 이거 받아

¹⁷²

There you go again

또 시작이군

¹⁷³

There you have it

네 말이 옳아, 해냈구나, 자 볼까, 자 됐어

174

There's always a catch

뭔가 항상 있단말야

There's always a catch는 항상 단점이 있기 마련이야, 항상 뭔가 있기 마련이야

175

There's got to be a reason for that

뭔가 그 이유가 있을거야

There's got to be~는 …가 있을거야

176

There's more to it than that

다른 뭔가가 있어, 그것보다는 더 깊은 뜻이 있어

177

There's no rush

바쁠 것 없어, 급할 거 없어, 서두를 필요없어

rush 대신에 hurry를 쓰기도 한다.

178

There's no telling

알 수가 없지, 모르지

There's no telling wh~는 '…은 알 수가 없어,' '알 길이 없다'라는 말.

179

There's no time to lose

이러고 있을 때가 아니다

180

There's no way to tell

알 길이 없어, 그건 아무도 몰라

181

There's nothing to be ashamed of

창피하게 생각할 건 하나도 없어

182

There's nothing to worry about

걱정할 것 하나도 없어, 다 잘 될거야

183

There's nothing you can do about it

네가 어쩔 수 없는 일이야

184

They always fear the worst

걔네들은 항상 최악을 걱정하고 있어

fear the worst는 최악의 상황을 걱정하다, 최악의 경우를 염두에 두다

185

They are going to be here

걔네들 이리 올거야

be here = come

They are up to something

걔들 뭔가 꾸미고 있어

They mean a lot to me

그건 나한테는 의미가 많아, 큰 도움이 될 거야

They offered a plea bargain

걔네들이 플리바게닝을 제안했어

plea bargain은 '형량거래'라는 법정용어로 자백을 하면 형을 감해주는 제도.

They really hit it off

정말 잘 통하더라고, 걔네들은 바로 좋아하더라고

hit it off는 서로 잘 통하다, 바로 친해지다

They want you back in the saddle. You ready?

네가 다시 일하기를 원해. 준비됐어?

get[be] back in the saddle은 다시 복귀[활동]하다(get back on the horse)

They're holding all the chip

걔네들이 주도권을 쥐고 있어

hold all the chip은 모든 주도권을 쥐다

192 They're really bonding

걔네들 무척 친해, 친해지고 있어

193 Things change, roll with the punches

변화에 순응해라

194 Things could be better

별로야, 그냥 그래

더 좋을 수도 있는데 그렇지 못하다는 말로 그저 그렇다는 의미.

195 Things will work out all right

잘 될거야

work out all right은 잘 되다

196 Think nothing of it

마음쓰지 마요

197 Think outside the box

창의적으로 생각해봐

think outside the box는 창의적으로 생각하다, outside the box thinking은 창의적인 생각

198

This can wait

그건 나중에 해도 돼, 뒤로 미루어도 돼

199

This can't be happening

이건 있을 수가 없는 일이야, 이럴 수가

200

This court is adjourned

재판을 휴정합니다

201

This has got to stop

그만둬야 돼

202

This is a high profile case

이건 주목 받는 사건이야

high profile은 대중의 관심을 받고 있는

203

This is a huge opportunity

엄청 좋은 기회야

huge 대신에 big, great, perfect 등을 써도 된다.

329

204

This is a little more than she bargained for

이건 걔가 예상했던 것보다 조금 심해

또한 get more than you bargained for는 '협상[예상]했던 것보다 더 많이 얻다'

205

This is a totally different situation

전혀 다른 상황야

206

This is for you

널 위해 준비했어, 이건 너줄려고

207

This is getting us nowhere

이건 아무 소용이 없어

208

This is hard for me to say, but you date losers

이런 말 해서 그렇지만, 넌 바보같은 놈들하고만 데이트를 해

This is really hard for me to say, but~은 나도 이런 얘기하기 정말 힘들지만,

209

This is not a booty call

섹스하자고 전화한거 아냐

a booty call은 그냥 섹스하자는 전화

A-F

G-I

J-R

S-Y

210

This is not my day

정말 일진 안 좋네

211

This is not some rebound thing

허전한 마음 때문에 만나는 건 아니야

rebound는 헤어진 사람이 '사귀던 사람에 대한 분노나 복수심으로 다른 사람을 사귀는 걸' 말한다.

212

This is totally getting out of hand

일이 너무 커져 버렸어, 아주 엉망이야

get out of hand는 통제불능한 상태가 되다

213

This is where I draw the line

여기까지가 내 한계야

draw the line은 선을 긋다, 거부하다

214

This is your lucky day

너 오늘 운수 대통이구나

Today is my lucky day는 오늘 일진 좋네

215

This makes me sick

역겨워

216
This music really sends me to the moon

이 음악을 듣고 있으면 정말 황홀해져

send sb to the moon은 …을 황홀하게 해주다, 기분좋게 해주다. 반대로 send sb to hell은
지옥으로 보내다, 골탕먹이다, 힘들게 하다

217
This one's for you

이건 너를 위한거야

218
This party rocks!

이 파티 끝내준다!

~rock은 동사로 끝내주다

219
This perks him up

이걸로 해서 걔가 기운이 날거야

sb[sth] perk up은 기운나다, 기운을 차리다. perk sb up은 기운나게 하다, 활기차게 하다

220
This will take a second

잠시만 기다려, 잠시면 돼

221
Thumbs up!

좋아!, 엄지 손가락을 치켜들다!

222 Time (out)!

잠깐만!

223 Time will tell

시간이 지나면 밝혀질거야

224 Too late for that

그러기엔 너무 늦었어

앞에 It's~가 생략되었다.

225 Tough break!

재수 옴 붙었군!

226 Tough luck

운이 없네

227 Truth be told

솔직히 말하면, 사실대로 말하자면

333

228

Try to put a positive spin on it

긍정적으로 바라보도록 해

put a ~ spin on은 …에 …한 의미나 해석을 하다. *spin 앞에는 weird, positive 등의 형용사가 온다.

229

Try your luck

한번 해봐

230

Turn yourself in to the police

경찰에 자수해

turn sb in (to the police)은 …을 밀고[신고]하다. turn oneself in 자수하다

231

Typical

그럼 그렇지

미드영어 대표표현

COMMON
EXPRESSIONS
IN AMERICAN
DRAMAS

U-W

A-F

G-I

J-R

S-Y

001

Unbelievable!

정말 놀라워라!, 말도 안돼!

앞에 This is~를 넣어도 된다.

002

Up yours!

그만!, 젠장할!

003

Use your head!

머리를 좀 써라!, 생각 좀 해봐!

004

Very funny!

(화난 어조로) 장난해!, 그래 우습기도 하겠다!, 말도 안돼!, 안 웃기거든!

005

Wait a minute

잠깐만요

minute 대신에 second를 써도 된다.

006

Wanna come?

올래?, 같이 갈래?

앞에 You가 생략된 경우.

007

Want some more?

더 들래?, 더 먹을래?

앞에 Do you~가 생략되었다.

008

Want to bet? (You)

그렇지 않을 걸?, 내기할래?

역시 앞에 You~가 생략되었다.

009

Watch it!

조심해!

상대방에게 조심하라고 할 때 혹은 상대방을 협박할 때.

010

Watch out!

조심해!

watch out for sb[sth]는 '주의깊게 지켜보다'(watch for), '…을 조심하다' 그리고 watch out for sb하면 '…에게 나쁜일이 일어나지 않도록 하다'

011

Watch your tongue!

말 조심해!

012
Water under the bridge

지나간 건 잊어야지

앞에 That's~가 생략되었다.

013
Way to go!

잘한다 잘해!, 잘했어!

앞에 That's the~가 생략되었다.

014
We are on a first-name basis

우리는 가까운 사이야, 이름부르는 사이야

015
We are still an item

우린 아직도 사귀어

016
We came by to pay our respects

조의를 표하기 위해 왔어

pay one's respects는 조의를 표하다(at the wake or funeral), go to the funeral은 장례식에 가다

017
We can make this work

우리는 해낼 수 있어

018
We can work it out

해결할 방법은 있어, 같이 해결하자

019
We can't leave her out in the cold

걔를 제외시킬 수는 없어

leave sb out in the cold는 소외시키다

020
We don't think of it that way

우리는 그걸 그런 식으로 생각하지 않아

021
We ended up cuddling

결국 부둥켜안게 되었어

end up ~ing는 결국 …하게 되다

022
We even raised a toast to good old Mike

우린 그리운 옛 마이클을 위해 건배하기도 했어

good old는 그리운, 지나간, 예전의, (반어적) 그 잘난

023
We found this on our John Doe

신원미상 시체에서 이걸 찾았어

여자일 경우에는 Jane Doe.

024

We found your whole stash

네가 숨겨둔거 전부를 찾았어

stash는 비상금, 숨겨둔 것, 은닉물(처), 숨겨두다

025

We gave Chris a wide berth

우리는 크리스를 멀리했어

give[keep]~a wide berth는 충분한 거리를 두다, 가까이 하지 않다, 피하다

026

We go way back

우리 알고 지낸 지 오래됐어, 우린 오래 된 친구야

027

We got off on the wrong foot

시작이 좋지 못했던 것 같아

get off on the wrong foot은 상호간 관계의 시작이 꼬이거나 잘못되었다는 의미.

028

We gotta get help

도움을 받아야 해

get help는 도움을 받다.

029

We had a pact!

우리 약속 맺었잖아!

030

We had to post bail

우리는 보석금을 내야했어

post[put up] bail은 보석금을 내다, be (out) on bail은 보석으로 풀려나다, release sb on bail은 보석으로 풀어주다, 그리고 bail sb out은 보석금을 내고 …을 빼내다

031

We have something in common

우린 공통점이 있어

have~in common은 …을 공통으로 갖고 있다.

032

We have a deal?

약속한거지?, 동의하니?, 그럴래?

033

We have a suspect in custody

우리는 한 용의자를 구금하고 있어

take sb in custody는 수감하다, 구속하다, have[get] sb in custody는 …을 구류하다, 구금하고 있다, 그리고 be in custody는 구금 중이다

034

We have an emergency on our hands

지금 우리는 비상시야

have sth[sb] on one's hands는 다루어야 될 …가 있다

035

We just need to get back on the horse

우리는 다시 시작해야 돼

get back on the horse는 (실패 후) 다시 도전하다, 다시 시작하다

036
We might hit pay dirt

의외로 건수를 올릴 수도 있어

hit 대신에 strike를 써도 된다.

037
We should exhaust every possibility

모든 가능성을 검토해야 돼

exhaust a subject은 문제를 충분히 검토하다, 그리고 exhaust an appeal은 항소나 상고를 다 해보다, 더 이상 기댈 재판이 없다

038
We should get going

자 이제 그만 가봐야 되겠어, 이제 슬슬 가자

039
We used to skip school together

우린 학교를 빼먹곤 했어

skip은 학교나 회사 등을 빼먹다

040
We went our separate ways

우리는 갈라섰어

go one's separate ways는 갈라서다, 헤어지다

041
We were just talking about you

안 그래도 네 얘기하고 있었어

COMMON
EXPRESSIONS
IN AMERICAN
DRAMAS

042 We'll have to do lunch sometime

우리 언제 점심 식사를 같이 하자

043 We'll see about that

두고 봐야지

044 We're not to'ing and fro'ing

우린 밀당하지 않을거야

to and fro를 동사로 쓴 경우이다.

045 We're way past second base

우리 진한 애무단계는 훨씬 지났어

second base는 진한 애무 단계. 그래서 go to second base with sb하면 …와 진한 애무를 하다

046 Welcome aboard

탑승을 환영합니다, 함께 일하게 된 걸 환영해

047 Welcome to my world

나와 같은 처지이네

048 **We'll do a paternity test**

우리는 친자확인 검사를 할거야

take[do] a paternity test는 친자확인 검사를 하다, foster home은 위탁가정

049 **Well done**

잘했어

050 **We'll get to the bottom of this**

이 일에 대해 짚고 넘어갈거야, 진상을 밝혀낼거야

get to the bottom of~는 진상을 밝혀내다

051 **We'll hammer out the details**

세부사항에 대한 문제를 해결해야 돼

hammer out은 오랜 논쟁 끝에 결론에 도달해 문제를 해결하다

052 **We'll have it out in a second**

우리 빨리 결판을 짓자

have it out (with sb)은 (이견, 불화) 담판을 짓다, 결판짓다, 언쟁하다

053 **We'll make it through this**

우린 이걸 이겨낼거다

054 **We'll pick up where we left off?**

중단한 곳에서부터 다시 시작할까요?

pick up where we left off yesterday는 어제 그만둔데서부터 시작하다

055 **Well said**

맞아, 바로 그거야, 말 한번 잘했다, 나도 동감야

056 **We'll see**

좀 보자고, 두고 봐야지

057 **We're a long way from a conviction**

유죄판결을 받으려면 아직 멀었어

058 **We're almost there**

거의 다 됐어, 거의 끝났어

059 **We're back to square one**

우리 다시 원점이네

be back to square one은 원점으로 되돌아가다, 다시 원점이다

060 We're back to where we started

우린 다시 원점으로 돌아왔어

be back to where we started는 일이 실패해 다시 원점으로 오다

061 We're clear in here

여기 안전해, 무사해

062 We're done for the day

그만 가자, 그만 하자

be done for the day = be gone for the day

063 We're done here

우린 얘기 끝났어

You're done here는 넌 끝이야

064 We're doomed

우린 죽었다, (그게) 우리 운명이야

065 We're friends with benefits

우리 가끔 섹스하는 친구사이야

friends with benefits는 섹스도 하는 친구[상대], 섹스친구

066 We're getting somewhere

성과를 거두고 있어, 점점 나아지고 있어

067 We're getting warmer

근접하고 있어, 점점 가까워지고 있어

068 We're going in

우리가 맡을게

069 We're good to go

준비 다 됐어

070 We're having fun

우린 즐겁게 지내고 있어

have fun은 재밌게 보내다

071 We're having second thoughts about it

다시 생각해봐야겠어

072 We're in a rut

우린 사는게 너무 지루해

be in a rut은 틀에 박히다, 지루하다(하루 일상이 다람쥐 쳇바퀴 돌듯 틀에 박혀있다는 의미), 그리고 be stuck in a rut은 틀에 박혀있다

073 We're in the middle of nowhere

우린 아주 외진 곳에 있어

be in the middle of nowhere는 아주 외진 곳에 있다, 길을 잃어버리다

074 We're just goofing around

우린 그냥 빈둥거리고 있어

goof around = hang around

075 We're just hanging around here

그냥 여기서 시간 보내는 중이야

076 We're kind of a thing now

우린 서로 좋아하는 사이야

077 We're on a break

잠시 떨어져 있는거야

사귀다가 잠시 헤어져 있는 경우.

078

We're on the same page

우린 같은 생각이야

079

We're pulling out all the stops

최선을 다하고 있어, 모든 수를 다쓰고 있어

080

We're taking some time apart

우리는 당분간 떨어져 지내고 있어

take[spend] some time apart는 당분간 떨어져 지내다

081

We're talking about attempted murder here

우린 지금 살인미수 건에 대해 얘기하고 있는거야

We're talking~은 그러니까 내 말은…

082

We're talking the same language

이제 얘기가 된다, 이제야 말이 통하는 군

talk the same language는 얘기가 통하다라는 뜻으로 talk 대신에 speak를 써도 된다.

083

We're working around the clock

우린 최선을 다하고 있어, 쉴틈없이 일하고 있어

work around the clock은 쉬지 않고 일한다는 의미로 be working 24-7과 같은 의미.

084
We've been over this

그건 이미 끝난 일이야, 이미 얘기한 일이잖아

085
We've got bigger fish to fry

우린 더 중요한 일이 있어

have got bigger fish to fry는 더 중요한 일이 있다

086
What (do) you got?

뭐야?, 뭐 나온 거 있어?, 무슨 일이야?

087
What (have) you been up to?

뭐하고 지냈어?, 그간 어떻게 지냈어?

088
What (in) the hell?

도대체 뭐야?

089
What a coincidence!

이런 우연이!

What a small world!는 세상 참 좁네!

090
What a relief!

아, 다행이야!

091
What a shame!

안됐구나!, 안타깝다!

092
What about it?

그래서 어쩔건데?, 그게 어때서?

093
What are friends for?

친구 좋다는 게 뭐야?

094
What are the odds?

가능성은 어때?, 확률이 얼마야?

095
What are you doing here?

여긴 어쩐 일이야?, 여기서 뭐하는거야?

096

What are you drinking?

뭘 마실래?, 뭐 마시고 있어?

097

What are you getting at?

무슨 말을 하려는거야?

get at은 직접적으로 말하지 않고 '뭔가 암시한다'는 의미.

098

What are you talking about?

무슨 소리야?

099

What are you trying to say?

무슨 말을 하려는거야?

100

What are you up to?

뭐해?, 무슨 수작이야?

101

What brings you here?

무슨 일로 왔어?

102
What brought that on?

어떻게 그렇게 된거야?

bring sth on은 초래하다, 야기하다

103
What can I do for you?

내가 어떻게 해줄까?, 뭘 도와드릴까요?

104
What can I do?

난들 어쩌겠어?, 어떻게 해줄까?

105
What can I get for you?

뭘 갖다 드릴까요?

106
What can I say?

1. 할 말이 없네 2. 나더러 어쩌라고 3. 뭐랄까?

107
What can I tell you?

어찌라고?, 뭐라고 해야 하나?

108 What did you come up with?

뭐 좋은 아이디어 생각해냈어?

come up with는 좋은 생각을 해내다

109 What did you say?

뭐라고 했는데?, 뭐라고?

110 What do I get?

내가 얻는 게 뭔데?, 난 얻는 게 없어, 내가 바보냐?

111 What do we got here?

어떻게 된거야?

112 What do you do?

직업이 뭐예요?, 하는 일이 뭐예요?

분명히 하기 위해 뒤에 for a living을 붙여 쓸 수도 있다.

113 What do you have in mind?

뭘 생각하고 있어?, 하려는 말이 뭐야?

114 What do you know?

1. (비아냥) …에 대해 네가 뭘 알어? 2. (놀람) 정말

115 What do you mean by that?

그게 무슨 말[뜻]이야?

116 What do you say?

(상대방의 동의를 구하며) 어때?, 네 생각은?

117 What do you see in her?

그 여자 뭐가 좋아?, 어디가 좋은 거야?

118 What do you take me for?

날 뭘로 보는거야?

"날 정말 바보로 생각하는거야?"라고 말하려면 You take me for a complete idiot?

119 What do you think of that?

넌 그걸 어떻게 생각해?

120
What do you think you're doing?

이게 무슨 짓이야?, 너 정신 나갔냐?

121
What do you think?

네 생각은 어때?, 무슨 말이야, 그걸 말이라고 해?

122
What do you want from me?

내게 뭘 원하는거야?, 나보고 어쩌라는거야?

123
What do you want me to say?

무슨 말을 하라는거야? 나보고 어쩌라고?

124
What does it have to do with Chris?

그게 크리스와 무슨 관련이 있어?

What does it have to do with~?는 그게 …와 무슨 관계가 있어?, Does it have to do with~?는 …와 관련이 있어?

125
What does it look like I'm doing?

내가 뭐하는 걸로 보여?

What does it look like S+V?는 그게 뭘 …하는 것처럼 보여?

126 What does it look like?

그게 뭐같이 보여?, 그게 뭘로 보여?

127 What does it sound like?

1. 어떤 소리인데? 2. 어떻게 생각해?

128 What does that mean?

그게 무슨 뜻이야?, 그게 무슨 말이야?

129 What does that prove?

그래서?, 그래서 그게 어쨌다는거야?

130 What does that tell us?

이게 무슨 말이겠어?

What does that tell us about~?은 …에 대해 뭘 말해주는거겠어?

131 What else could I say?

달리 무슨 말을 할 수 있겠어?

What else could[can] I say?는 달리 무슨 말을 할 수 있겠어?, 그렇게 말할 수 밖에 없지

132

What else is new?

1. 그야 뻔한 거 아냐 2. 뭐 더 새로운 거 없어?

얘기하는 내용이 다 아는 사실이어서.

133

What for?

왜?, 무슨 이유 때문에?

134

What gives you the right?

네가 무슨 권리로?

What gives you the right to~?는 네가 무슨 권리로 …하는거야?

135

What gives?

무슨 일 있어?

136

What happened?

무슨 일이야?, 어떻게 된거야?

137

What has come over you?

왜 그런거야?

138

What have I done?

내가 무슨 짓을 한거야?

What have I[we] done?은 내가 무슨 짓을 한거야?, 내가 뭘 어쨌는데?, 그리고 What have you done to~?는 …을 어떻게 한거야?, 이게 무슨 짓이야?

139

What have I got?

나에겐 뭐가 남지?

140

What have you been up to?

뭐하고 지냈어?

141

What have you got going on, Bob?

무슨 일이야, 밥?

What have you got going on?은 무슨 일이야?

142

What have you got to say for yourself?

너 뭐라고 변명할거야?

143

What is it gonna take to make you happy?

어떻게 해야 널 행복하게 해줄 수 있을까?

What is it going to take to~?는 어떻게 해야 …하겠어?

144
What is it like?

어때?, 어떤데?, 어떤 느낌이야?

145
What is it to you?

너랑 무슨 상관이야?

146
What is the bottom line?

요점이 뭐야?

bottom line은 요점, 결론

147
What is this fuss about?

왜들 이 난리야?

148
What makes him tick?

걔가 왜 그렇게 행동하는거야?

149
What makes you so sure?

너 무슨 믿는 데라도 있니?, 어떻게 그렇게 확신해?

150 What makes you think so?

1. 왜 그렇게 생각해? 2. 꼭 그런 건 아니잖아?

151 What should I do?

어떻게 해야 하지?, 어떻게 하면 좋을까?

152 What the hell?

이게 뭐야?, 도대체 뭐야?, 안될거 없지?

153 What took you so long?

왜 이렇게 오래 걸렸어?, 왜 이렇게 늦었어?

154 What was he thinking?

걔는 무슨 생각을 했던 걸까?, 무슨 생각으로 그랬을까?

What was I thinking?은 내가 왜 그랬을까?, 내가 무슨 생각으로 그랬을까?

155 What was that again?

뭐라고 했죠?

156 What was that all about?

도대체 무슨 일이었어?

157 What were you thinking about?

정신을 어디다 놓고 다녀?, 도대체 무슨 생각을 한거야?

158 What would I have done without you?

네가 없었더라면 어쩔 뻔 했어?

159 What would you call it?

그걸 뭐라고 할테야?, 그럼 그게 뭐야?

160 What would you say?

어떻게 할거야?, 넌 뭐라고 할래?

161 What's it got to do with you?

네가 무슨 상관이야?

162 What'd I tell you?

그러게 내가 뭐랬어?

What'd~ = What did~

163 Whatever turns you on

뭐든 좋을 대로

164 Whatever you ask

뭐든 말만 해

Whatever you say는 (다 따를테니) 뭐든 말만 해

165 Whatever!

뭐든지 간에!

Whatever!는 '뭐든지 간에!', '하여튼!'이라는 말로 상대방의 말에 동의하지 않고 좀 낙담하거나 만족하지 못한 경우에 쓰는 표현.

166 What'll it be?

뭘로 할래?, 뭘 드시겠습니까?

167 What're the symptoms?

증상이 어때요?

What're you getting so bent out of shape for?

왜 그렇게 화를 내?

get bent out of shape은 '…에 대해 화를 내다,' '열받다'라는 뜻.

169

What're you going to do? Shoot me?

어떻게 할 건데? 날 쏘기라도 할거야?

What're you saying?

그게 무슨 말이야?

171

What're you talking about?

무슨 말을 하는거야?

놀라거나 의아[황당]해하며.

172

What're you trying to say?

무슨 말을 하고 싶은거야?

173

What're you waiting for?

뭘 꾸물대는거야?, 뭘 기다리는거야?

174

What's cooking?

무슨 일이야?

175

What's done is done

이미 끝난 일이야, 이미 엎질러진 물인데

176

What's eating you?

뭐가 문제야?, 무슨 걱정거리라도 있어?

177

What's going on?

무슨 일이야?

go on = happen

178

What's gotten into you?

뭣 때문에 이러는거야?

179

What's happening?

어떻게 지내?, 잘 지내니?

A-F

G-I

J-R

S-Y

180

What's in it for me?

내가 얻는게 뭔데?, 내게 무슨 득이 되는데?

have it in for sb(원한을 품다)와 구분해야 한다.

181

What's it gonna take to get it done?

어떻게 하면 그걸 끝낼 수 있겠니?

182

What's it worth to you?

그게 너한테 무슨 가치가 있어?

What's it worth (to you)?는 그거의 값어치가 뭐냐?, 무슨 소용이 있는거니?

183

What's new?

뭐 새로운 일 있어?

이에 대한 맞장구표현으로는 What's new with you?(그러는 넌 별일 있니?)가 있다.

184

What's that got to do with anything?

그게 무슨 상관이야?

185

What's the big deal?

그게 어때서?, 웬 야단?, 별일 아닌데?

What's the deal?은 도대체 어떻게 된 거야?, 문제가 뭐야?

186 What's the catch?

속셈이 뭐야?, 무슨 꿍꿍이야?, 조건이 뭔데?

187 What's the damage?

얼마예요?

188 What's the difference?

그게 무슨 상관이야?

188 What's the harm?

손해볼 게 뭐야?, 밑질 거 없어

190 What's the hold up?

왜 지체해?, 왜 이리 늦는거야?

191 What's the hurry?

왜 그렇게 서둘러?

192 What's the matter with you?

1. 무슨 일이야? 2. 도대체 왜 그래?

193 What's the occasion?

무슨 날이야?

194 What's the problem?

무슨 일인데?

195 What's the story?

어떻게 된거야?

196 What's the worst that could happen?

무슨 나쁜 일이야 생기겠어?

만사가 다 잘 될거다라는 생각하에 '무슨 나쁜 일이야 생기겠어?'라는 의미.

197 What's the rush?

왜 이리 급해

the 대신에 your를 써도 된다.

198 **What's this all about?**

도대체 무슨 일이야?

199 **What's to know?**

뻔하잖아?

there를 넣어서 What's there to know?라고 하기도 한다.

200 **What's up?**

어때?, 무슨 일이야?, 뭐해?

201 **What's with you?**

뭐 땜에 그래?, 무슨 일이야?

202 **What's with your hair?**

머리가 왜 그래?

What's with~?는 …가 왜 그래?

203 **What's wrong ?**

무슨 일이야?, 뭐가 문제야?, 뭐 잘못됐어?

뒤에 with you를 붙여 써도 된다.

204

What's your point?

하고 싶은 말이 뭐야?

205

What's your story?

네 사연은 뭐야?

206

What've you got to lose?

손해볼 거 없잖아?

207

When can you make it?

몇시에 도착할 수 있겠니?

make it은 성공하다. …에 늦지 않게 도착하다

208

When did this fall into your lap?

그게 언제 너한테 굴러 들어온거야?

sth fall into sb's lap은 …가 …에 굴러들어오다

209

When did you pick up on that?

언제 알아차렸어?

pick up on sth은 (빨리) 알아차리다, 이해하다

210
When is this due?

이게 언제 마감이야?

211
when it comes (right) down to it

모든 점을 고려해볼 때

212
When the chips are down, you come through

위기가 닥치면 네가 해내잖아

when the chips are down은 막상 일이 닥치면, 위기가 오면

213
When the time is right,

때가 되면,

214
Where are you going with this?

이거 가지고 어디가는거야?, 무슨 말을 하려는거야?

where과 go, come이 결합된 문장은 비유적으로 쓰일 때가 많다.

215
Where am I?

(장소) 여기가 어디죠?

216

Where did you get that idea?

어떻게 그런 생각을 하게 된거야?

Where did you get the idea to+V?는 어쩌다 …할 생각을 하게 된거야?, 그리고 Where did you get this idea that S+V?는 어쩌다 …라는 생각을 하게 된거야?

217

Where do we stand on this marriage?

이 결혼에 대한 너의 생각은 어때?

Where do we stand on?은 우리의 입장은 어떤거야?, 그리고 Where do we stand on~? 은 …에 대한 우리의 입장은 어때?

218

Where do you think this is going?

이거 어떻게 되어가는거야?

219

Where does it come from?

1. 무슨 이유 때문에 그러는거야? 2. 어디서 난거야?

220

Where does it say that?

무슨 근거로 그렇게 말하는거야?

Where does it say S+V?는 무슨 근거로 …한다는거야?

221

Where does she get off having all that attitude?

걔는 어떻게 태도가 저따위야?

Where does sb get off ~ing?는 (상대의 비정상적인 행동에 놀라며)…는 어떻게 그런 식으로 …하나?

222 **Where does that leave us?**

그럼 우린 어떻게 되는거야?

223 **Where was he last seen?**

걔를 마지막으로 본게 어디야?

be last seen은 마지막으로 목격되다. 그리고 be last seen ~ing는 마지막으로 …하는 것이 목격되다

224 **Where was I?**

내가 무슨 얘길 했어?, 내가 어디까지 이야기했지?

225 **Where's the fire?**

뭐가 그리 급해?, 왜 그렇게 서두르냐?

226 **Which brings me to my point**

그게 내 요지를 말해주는거야

which brings me to~는 그게 …을 말해주는거야

227 **While under the influence**

술에 취해서

228 Who are you to judge?

네가 뭔데 비판을 하는거야?

Who are you to do~ ?는 네가 뭔데 …라고 하는거야?

229 Who cares?

알게 뭐람?, 무슨 상관이야?, 누가 신경이나 쓴대?

230 Who could have thought?

누가 생각이나 했겠어?, 상상도 못했네

could 대신에 would를 써도 된다.

231 Who died and made you king?

왜 이리 거만한거야?

king 대신에 boss로 대체해도 된다.

232 Who do you think you are?

네가 도대체 뭔데 그래?

'네가 도대체 뭐가 그리도 잘났는데?,' '네가 도대체 뭔데 그래?'라고 쏘아 붙이는 말.

233 Who do you think you're kidding?

날 바보로 알아?

234

Who do you work for?

어디서 일해?

work for sb는 …에서 일하다

235

Who is it?

1. (노크, 벨소리에) 누구세요? 2. (전화왔다는 말에) 누군데? 3. 누구야?

236

Who is this?

누구세요?, 누구세요, (면전에서) 이사람 누구야?

237

Who knows?

누가 알겠어?

238

Who said anything about talking?

누가 얘기를 한대?

Who said anything about+N[~ing]은 누가 …을 한대?(안할건대)

239

Who was it?

누군데? 누구였어?

240
Who was on the receiving end of it?

그걸 당하는 쪽은 누구였어?

be on[at] the receiving end (of~)는 (선물, 비난 등을) …받는 입장[쪽]이 되다. 당하는 쪽이
되다

241
Who's gonna take the first shot?

누가 제일 먼저 해볼거야?

242
Who's running the place?

누가 책임자야?

run the place는 운영하다, 책임지다

243
Who's to say that Chris is a alien?

크리스가 외계인인 줄 누가 알겠어?

Who's to say that~?은 …을 누가 알겠어?(확실하지 않다)

244
Why (do you) put me through this?

왜 이렇게 힘들게 하는거야?

put sb through sth은 …가 …의 경험을 하게 하다. 주로 힘든 경험을 말한다.

245
Why am I doing all the giving here?

왜 내가 다 이해해줘야 해?

do all the giving은 다 이해해주다, 받아주다

375

246 Why are you still miffed at me?

넌 왜 아직도 내게 화나있는거야?

be miffed at sb[about sth]는 화를 내다

247 Why are you trying to make something of it?

왜 별것도 아닌 것 같고 싸우려하는거야?

make something of it은 싸우다

248 Why did you do this?

무슨 이유 때문에 그런거야?, 왜 그런거야?

249 Why didn't you answer your cell phone?

왜 핸드폰 안 받았어?

250 Why do you care?

왜 신경을 쓰는거야?

251 Why do you get first crack at her?

왜 네가 걔한테 처음으로 시도하는데?

take[have] crack at sth은 (성공할지는 모르겠지만) …을 시도하다. 그리고 have[get] first crack at sth[~ing]은 …을 처음으로 시도하다

252 **Why do you have to do that?**

왜 꼭 그래야 돼?

253 **Why does it come to this?**

어쩌다 이 지경에 이르렀어?

come to this는 이 지경에 이르다, 이런 상황이 되다

254 **Why don't we just go poke around?**

가서 캐물어보자

poke around는 (뭔가 찾으려, 알아내려) 뒤지다, 꼬치꼬치 캐묻다, 조사하다

255 **Why don't you go fuck yourself**

좀 꺼져주지 그래

go fuck oneself는 나가 뒈지다, 꺼지다

256 **Why not?**

1. 왜 안해?, 왜 안되는 거야? 2. (상대방 제안에) 좋아, 그러지 뭐

257 **Why the long face?**

왜 시무룩해 보여?, 왜 그렇게 우울한 표정이야?

258 Why would you say that?

왜 그런 소리를 해?, 무슨 이유로 그런 말을 해?

259 Will that be all?

달리 더 필요한 것은 없으십니까?

260 Will there be anything else?

더 필요한 건 없습니까?

261 Will they be up and running?

걔네들 잘 되고 있어?

up and running은 '제대로 작동하다,' '효과적으로 돌아가다'

262 Will you marry me?

나랑 결혼할래?

263 Wish me luck!

행운을 빌어줘!

264
With all due respect

그렇긴 한데요

반대의견을 말하면서 공손함을 표시

S-Y

265
Word travels fast

발없는 말이 천리 가, 소문은 빨리 돌잖아

266
Work comes first

일이 우선이다

~come first는 …가 우선이다

267
Work your way up here!

여기까지 열심히 일해서 올라와!

work one's way up은 열심히 일해서 승진하다, 올라가다

268
Works for me (It)

난 괜찮아, 난 좋아, 찬성이야

앞에 It~이 생략되었다.

269
Would you believe!

믿어지지가 않아!

뒤에 it을 붙여서 Would you believe it!이라고 해도 된다.

270

Would you care to join us?

우리랑 같이 할래?

271

Would you get that?

문 좀 열어줄래?, 전화 좀 받아줄래?

272

Would you like to come?

같이 갈래?

273

Would you scoot a little?

조그만 옆으로 가줄래?

scoot over는 옆으로 자리를 살짝 비켜주다, 그리고 scoot sth over는 옆으로 좀 이동시키다

274

Wouldn't count on it

그렇지 않을 걸, 그렇게 되지 않을 걸, 기대 안하는게 좋을 걸

275

Wouldn't it be better to learn to deal with her?

걔를 다루는 법을 배우는 편이 더 낫지 않겠어?

Wouldn't it be better to do~ ?는 …하는 게 더 낫지 않을까?

276

Wouldn't know

알 도리가 없지, 그걸 내가 어떻게 알겠니, 나도 모르지

앞에 I~가 생략되었다.

277

Wouldn't you just know it?

그런 건 예상했어야지?

278

Wrap it up

결론을 내자, 이만 끝내자

앞서 나온 pack it up과 비슷한 표현.

X-Y

001
X marks the spot!

바로 그 자리[지점]이야!

X는 우리가 찾는 그 지점을 표시한다라는 말.

002
Yeah, that'll be happening

어 그럴거야, 응 알았어, 응 그렇게 될거야

003
You got the wrong idea

잘못 짚었네

You have got~으로 써도 된다.

004
You wait and see

두고 봐, 기다려 봐

005
You (will) do that

그렇게 해

006 You ain't seen nothing yet

지금까지는[이 정도는] 아무 것도 아니었다구

007 You always do that

넌 항상 그래

008 You always get your way

넌 항상 네 멋대로 해

get one's way는 …가 하고 싶은대로 하다, …멋대로 하다, 자기 맘대로 하다

009 You and Mike are getting hitched?

너하고 마이크가 결혼해?

get hitched = tie the knot = get married

010 You and your dogs! Just get them out of here!

너와 너의 개들! 그냥 데리고 여기서 나가!

You and your ~는 또 너의 …야!

011 You are not cut out to be a physician

넌 의사로서 적합하지 않아

012

You are not yourself

제 정신이 아니네, 평소랑 다르네

013

You are on

그래 좋았어, 좋을대로, 그래 어디 한번 해보자

내기를 받아들이며.

014

You are right on the money

바로 맞혔어, 바로 그거야, 맞는 말이야

015

You are something else!

정말 대단해!, 잘났어 정말!

016

You are too cocky

너무 건방져

cocky는 건방진, 잘난 척하는

017

You asked for it

자업자득이지, 네가 자초한 일이잖아, 그런 일을 당해 싸다

018

You bend over backwards

넌 최선을 다해, 안간힘을 다 쓰고 있어

bend over backwards for sth[~ing/ to do]은 남을 위하거나 어떤 목표를 향해 '최선을 다해 …하려고 애쓰다'

019

You bet

1. (긍정) 확실해, 물론이지, 응 걱정마 2. (의문) 진짜야?, 틀림없어?

020

You better believe she's tired

정말로 걔는 지쳤어

You'd better believe that~은 정말이지 …해, 틀림없이 …해

021

You can bet on it

그럼, 물론이지, 정말야, 걱정할 필요없어

022

You can count on me

나한테 맡겨, 날 믿어도 좋아

count on = depend on = rely on

023

You can go to hell!

꺼져버려!

COMMON
EXPRESSIONS
IN AMERICAN
DRAMAS

024 You can say that again

그렇고 말고, 정말 그래, 동감이야

상대방의 말에 전적으로 동의한다는 걸 강조하는 표현으로 that을 강하게 발음해야 한다.

025 You can shove it!

집어치워!

shove 대신에 stick을 써도 된다.

026 You can spend more quality time with your real friends

진정한 친구와 시간을 알차게 보내

spend more quality time with~는 '…와 시간을 알차게 소중하게 보내다'

027 You can take your pick

골라서 가져가

take one's pick은 선택하다, 고르다

028 You can trust me

날 믿어봐, 난 믿어도 돼

029 You can't believe how sorry I am

뭐라 사과해야 할지 모르겠어

030
You can't be serious
정말이야, 말도 안돼, 그럴 리가, 장난하는거지

031
You can't do that!
그러면 안되지!

032
You can't do this to me
나한테 이러면 안되지, 이러지마

033
You can't get away with it
그렇게 못할거야, 절대 못 도망갈거야

get away with~는 잘못을 하고도 벌을 받지 않다

034
You can't go wrong with this
이건 잘못되는 법이 없어

You can't go wrong with sth은 …는 항상 만족스러워, …는 잘못되는 법이 없어

035
You can't have it both ways
둘 다 할 순 없잖아, 결정해야지

036 You can't help yourself

너도 어쩔 수가 없잖아

037 You can't let her get into your head

넌 걔한테 당하지 않도록 해

let~get in sb's head는 …에게 당하다, 영향을 받다

038 You can't miss it

꼭 찾으실 거예요, 뻔히 보이니까 찾을 수 있어요

길을 안내해줄 때 쉽게 찾을 수 있을거라고 친절하게 덧붙여 하는 말.

039 You can't move in with me

나랑 같이 못살아

move in with sb는 …함께 살다, 동거하다

040 You can't prove any of this

너 이 어떤 것도 증명할 수 없을거야

041 You caught me

들켰네

042
You could never disappoint me
넌 참 대단해

043
You couldn't do that!
넌 절대 못할걸!

do that을 생략해 You couldn't!라고 쓸 수도 있다.

044
You decide
네가 결정해

045
You deserve it
1. 넌 그럴 자격이 돼 2. 넌 그래도 싸

046
You did a good job!
아주 잘했어!

그냥 Good job!이라고 해도 된다.

047
You did a number on me
내가 당했어

do a number on sb는 'sb를 비난하거나 속이다'라는 표현.

048 **You did what?**

네가 뭘 어쨌다구?

049 **You did?**

그랬어?, 정말?

050 **You do all the talking**

네가 얘기 다 해봐

do (all) the talking은 상황설명을 하다, 얘기를 다 하다, let sb do the talking은 …가 대변하 도록 하다

051 **You do the math**

잘 생각해봐, 계산해봐

052 **You do this every time**

넌 맨날 이래

053 **You don't mind me saying that?**

내가 이런 말을 해도 돼?

054
You done?

다했니?

앞에 Are~가 생략된 경우.

055
You don't belong here

넌 여기에 오면 안돼

056
You don't have the guts

배짱도 없으면서, 용기도 없으면서

have the guts to+V는 …할 배짱이 있다

057
You don't know the first thing about it

쥐뿔도 모르면서, 아무 것도 모르면서

058
You don't know what it's like to have a baby

아기를 갖는게 어떤 건지 넌 몰라.

You don't know what it's like to+V는 …가 어떤 건지 넌 이해 못해

059
You don't look like it's okay

괜찮아 보이지 않아

060 **You don't mean to say that**

진심으로 하는 말은 아니겠지

You don't mean to say (that) S+V는 …라 말하는게 진심은 아니지

061 **You don't say**

1. (가벼운 놀람, 불확실) 설마!, 그럴리가!, 정말? 2. (다 아는얘기) 뻔한 거 아냐?

062 **You don't want to get involved with me**

넌 나와 엮이지 않는게 좋아

get involved with는 끼어들다, 엮이다, 사귀다(with sb)

063 **You don't want to know**

모르는게 나아, 안 듣는게 좋을 걸

You don't want to+V는 넌 …하지 않는게 좋아

064 **You freak!**

미친 놈 같으니!

065 **You fucked up my life**

너 때문에 내 인생이 망쳤어, 네가 내 인생 망쳐놨어

fuck up~은 …을 망치다

A-F

G-I

J-R

S-Y

066
You get off on that psych stuff, don't you?

너 비과학적인 것들을 즐기는구나, 그렇지 않아?

get off on은 성적으로 흥분하다, 즐기다, get off (on)는 풀려나다, (…의 이유로) 풀려나다, (…에서) 내리다

067
You get the idea

너도 이해할거야, 무슨 말인지 알겠지

068
You get what you pay for

땀을 흘린 만큼 얻는거야, 지불한 만큼 받아

069
You go back out there

다시 뛰어야지

070
You got a gut feeling on this?

직감이 오니?

gut feeling은 직감, 예감

071
You got her pregnant

너 걔 임신시켰어

get sb pregnant는 …을 임신시키다

072

You got him right where you want him

넌 걔를 완전히 장악했어

have sb just where you want sb는 …을 장악하다, 맘대로 하다

073

You got him to take the rap for it

넌 걔가 죄를 뒤집어쓰게 했어

take the rap for~는 …대신에 죄를 뒤집어쓰다, 누명을 쓰다

074

You got it

1. 알았어 2. 맞아, 바로 그거야

You got it?은 알았어?

075

You got me

1. 난 모르겠는데 2. 내가 졌어 3. 내 말 알아들었겠지

076

You got me beat

나보다 낫네

077

You got me there

1. 모르겠어(I don't know) 2. 네 말이 맞아(You're right)

078 You got that right

네 말이 맞아

079 You got that?

알았지?, 이해했어?

080 You got a point there

네 말이 맞아, 네 말에 일리가 있어

081 You gotta come clean with me!

나한테 실토해!

come clean with sb는 …에게 실토하다, 자백하다

082 You gotta do what you gotta do

할 일은 해야지

083 You guys have a fight?

너희들 싸웠니?

have a fight은 싸우다

084

You had a beef with him

넌 걔한테 불만이 있어, 넌 걔랑 다퉜어

have a beef with sb는 …와 다투다

085

You had it coming!

그럴 줄 알았어!, 네가 자초한거야!

086

You had me worried

걱정했잖아

have[get] sb worried (sick)~는 …가 (매우) 걱정하다, 그리고 have sb worried (that) S+V 는 …가 …을 걱정하다

087

You have a lot of time on your hands

너 시간이 남아 도는구나

088

You have a really good grasp on this

넌 정말 이걸 잘 알고 있어

have a good grasp on~은 …을 잘 알고 있다

089

You have bad breath

네 입 냄새 심해

A-F

G-I

J-R

S-Y

090
You have gone too far

네가 너무했어, 심했다

091
You have good taste

넌 안목이 뛰어나

have (got) good taste는 뭔가 볼 줄 아는 안목과 감각이 있다. 반대로 have bad taste하면 안목이 없다

092
You have no chance of scoring with her

걔랑 섹스할 가능성은 전혀 없어

093
You have no idea

넌 모를거야

094
You have the right to remain silent

묵비권을 행사할 권리가 있다

095
You have to get used to it

적응해야지

get used to~는 …에 적응하다

096 You have your work cut out for you

어려운 일을 하게 됐네

have one's work cut out for~는 할 일이 많다, 어려운 일에 직면하다

097 You hear that?

1. (바로 전에 한 말) 들었지? 2. (이상한 소리) 저 소리 들리니?

098 You heard me

내가 말했지, 명심해, 말한 그대로야

099 You just need to get your mind off it

넌 그걸 잠시 잊어야 돼

take[keep, get] one's mind off~는 걱정하지 않다(get sth out of one's mind), 잠시 잊다

100 You just turned tail and ran!

넌 꽁무니를 빼고 달아났어!

turn tail은 무서워 돌아서 꽁무니를 빼다

101 You kick ass!

멋지다!

102

You know

말야

103

You know better than that

알만한 사람이 왜 그런 짓을 해

104

You know what got me through it?

내가 그걸 어떻게 이겨냈는지 알아?

get sb through~는 어려운 시기를 이겨내거나 어렵게 학교를 마치게 해주다

105

You know what I mean?

1. 무슨 말인지 알겠어? 2. (평서문) 너도 알겠지만

106

You know what you can do with it?

알아서 해!, 집어치워!, 꺼져버려

논쟁 중에 화를 내면서.

107

You know what?

저기 말야?, 근데 말야?, 근데 있지?

Guess what?처럼 뭔가 소식을 전할 때.

108 You know what's coming?

넌 어떻게 될지 알지?

109 You look great!

좋아 보예!, 멋져 보예!

You look terrible은 안 좋아 보여

110 You lost me

못 알아들었어

내가 이해못한 지점을 말하려면 You lost me at~이라고 하면 된다.

111 You made me want to write

네 덕에 글을 쓰고 싶어졌어

You make me want to~는 너 때문에 …하고 싶어져

112 You make me sick

너 정말 역겨워

113 You mean it?

정말이야?, 진심이야?

114

You messed up

네가 망쳐놓았어

mess up은 망치다

115

You might want to do that

그걸 하는 게 좋을거야

116

You nailed it

네가 해냈어, 아주 잘했어

nail it은 합격하다, 성공하다, 해내다

117

You name it

말만 해, 누구든지[뭐든지] 말만 해

118

You need to get clear on this right now

넌 지금 이걸 확실히 짚고 넘어가야 돼

get clear on은 확실히 짚고 넘어가다

119

You never know

그야 모르잖아, 그야 알 수 없지, 누가 알아

120

You never learn

넌 구제불능이야

121

You put up a good fight

졌지만 잘 싸웠어

put up a good fight은 (목표달성을 못했지만) 잘 싸우다. start[pick] a fight은 싸움을 걸다.
그리고 have a fight with~는 …와 싸우다, get into a fight with~ 역시 …와 싸우다

122

You really are a piece of work

너 참 괴짜다

a piece of work는 독특한 사람, 특이한 사람, 괴짜

123

You ruined my weekend

네가 내 주말을 망쳐놨어

ruin이 망치는 것은 인생 뿐만 아니라 주말이나, 휴가, 파티 등도 대상이 된다.

124

You said it

네 말이 맞아, 내 말이 그말이야

125

You saved the day for us

덕분에 일이 잘 풀리겠어

126
You scared the crap out of me

깜작 놀랐네, 간 떨어질 뻔 했네

crap 대신에 shit, hell을 쓰기도 한다.

127
You screwed me!

날 속였군!

128
You see that?

봤지?, 내 말이 맞지?

129
You serious?

정말야?, 진심야?

130
You should set a trap

넌 함정을 놓아야 돼

set a trap은 함정을 놓다, 그리고 fall into the trap of~는 …의 함정에 빠지다

131
You sold me out!

넌 날 배신했어!

132

You sound like a broken record

계속 같은 말을 반복하잖아

133

You still had a hand in her death

넌 여전히 걔 죽음에 한몫했어

have a[one's] hand in~은…에 관여하다, 연루되다, 한몫하다, 영향을 미치다

134

You suck at this!

너 되게 못하네!

suck at~은 …에 서투르다, …에 형편없다

135

You tell me

그거야 네가 알지, 네가 더 잘 알지

상대방이 더 잘 알 것같은 것을 오히려 내게 물어볼 때 쓸 수 있는 말.

136

You took the words right out of my mouth

내 말이 그 말이야

take the words right out of one's mouth는 상대방의 말이 바로 내가 하려는 말이라고 상대방의 의견에 동의하면서 하는 말.

137

You turn me on

넌 내 맘에 쏙 들어, 넌 날 흥분시켜

turn sb on은 …을 흥분시키다, 반대는 turn sb off

138

You up for it?

하고 싶어?, 같이 할래?

139

You wanna play hardball?

세게 나오시겠다?

play hardball은 단호한 입장을 취한다라는 뜻으로 '세게 나오다.' '강경자세를 취하다'라는 표현.

140

You wanna start with me?

너 나하고 한판 붙고 싶어?

"내 성질 돋구지마"는 Don't start with me.

141

You want a piece of me, boy?

한번 맛 좀 볼래?, 한 판 붙을래?

142

You want to catch me up?

무슨 일인지 알려줄래?

catch sb up은 sb가 없었던 순간에 일어난 일을 말하다

143

You want to cut the cord?

관계를 끝내고 싶어?

cut the cord는 관계 등을 끝내다, 독립적으로 되다(be independent)

144 You want to step outside?

밖으로 나가서 붙어보자고?

145 You want to tell me what happened here?

무슨 일인지 말해볼래?

146 You were a great help

정말 많은 도움이 됐어

147 You were actually fooling around with her

넌 걔하고 재미보고 있었잖아

fool around with sb는 …와 바람피다, 섹스하다

148 You were like your old self there

넌 예전의 너로 돌아온 것 같았어

be[feel, look] one's old self는 예전 모습이다, 상태가 좋다, 회복되다, 그리고 be back to one's old self는 (달갑지 않게) 또 저짓이군

149 You were mistaken

네가 틀렸어

You're mistaken은 네가 잘못 생각하고 있어, 네가 틀린거야

150 You will get to the perp

넌 범인을 잡게 될거야

perp은 범인. unsub[unknown subject]은 미확인 용의자

151 You win

내가 졌어

152 You wish!

행여나, 바랠 걸 바래야지!

153 You won't believe this

이거 믿지 못할 걸, 넌 짐작도 못할 걸

154 You work rain or shine

넌 어떤 일이 있어도 일해

rain or shine은 (뭔가 열심히 할 때) 비가오나 눈이오나, 어떤 일이 있어도

155 You worked up the nerve to report him

넌 용기를 내서 걔를 신고했어

work[get] up the nerve (to~)는 (…할) 용기를 내다

¹⁵⁶ **You would think it was a dumb idea**

그건 어리석은 생각이었다고 생각하고 싶겠지

You would think that~은 (사실이 아니지만) …라 생각하고 싶을거야

¹⁵⁷ **You wouldn't do that!**

그렇게 못할거면서!, 절대 못할걸!, 이럴 수는 없지!

¹⁵⁸ **You wouldn't know it to look at her**

걔 겉모습만 봐서는 알 수가 없을거야

You wouldn't know it to look at~은 …의 겉모습만 봐서는 모를거야

¹⁵⁹ **You('ve) brought this on yourself**

이건 네가 자초한거야

¹⁶⁰ **You('ve) got it all wrong**

잘못 알고 있는거야, 잘못 이해하고 있어

¹⁶¹ **You('ve) got to be kidding me!**

농담말아!, 웃기지마!

162 You're forgiven

내가 용서할게

수동태 문장임을 놓쳐서는 안된다.

163 You're tricking me

넌 날 속이고 있어

164 You're up

네 차례야

165 You're weighing me down

너 땜에 내가 죽는다

weigh down은 짓누르다, 무겁게 누르다, 억누르다

166 You've got it completely wrong

네가 완전히 잘못 알고 있는거야

167 You'd better nip this in the bud

애초에 싹을 잘라야 해

nip sth in the bud는 애초에 싹을 자르다

168

You'll be charged with murder

살인죄로 기소될거야

169

You'll be sorry later

나중에 후회할거야

170

You'll be the death of me

너 때문에 내가 못살아

171

You'll get the hang of it

금방 손에 익을거야, 요령이 금방 붙을거예요

get the hang of~는 …에 익숙해지다

172

You'll have to make do with it

이걸로라도 때워야 하겠는데

173

You'll live to regret this decision

넌 앞으로 이 결정을 후회하게 될거야

live to regret은 앞으로 후회하다

174 You'll make it happen

성공할거야

175 You'll never get away with it

넌 그걸 피할 수 없어

176 You'll pay for that!

어디 두고 보자, 대가를 치뤄야 할거야!

pay for~는 …에 대한 값을 치루다, 보복당하다, 벌을 받다

177 You'll see

곧 알게 될거야, 두고 보면 알아

178 Your blood pressure is stable now

이제 혈압이 안정되었어

blood pressure는 혈압

179 Your fingerprints were all over the gun

네 지문이 총 전체에 묻어있었어

180 **Your guess is as good as mine**

모르긴 나도 매한가지야

181 **Your secret's safe with me**

비밀 지켜줄게

182 **You're a loser**

한심한 놈, 골통

강조하려면 You're such a loser라고 하면 된다.

183 **You're a great-looking guy and all**

게다가 넌 아주 멋지게 생겼어

~ and all은 게다가, …까지

184 **You're a pain in the neck**

그 놈 참 성가시네

neck 대신에 ass를 넣어도 된다.

185 **You're a sucker for a hot dancer**

넌 섹시한 댄서에 사족을 못써

be a sucker for~는 …에 사족을 못쓰다, …이 없이는 못살아, …에 약해

186

You're amazing

너 정말 놀라워, 대단해, 정말 멋져

187

You're barking up the wrong tree

잘못 짚었네

188

You're better off without me

나 없는 게 네게 더 좋을거야

189

You're blowing this out of proportion

넌 침소봉대하고 있어, 넌 지나치게 부풀리고 있어

blow sth out of proportion은 과장하다

190

You're breaking my heart

거 참 안됐군요(비아냥거림), 너 때문에 내 가슴이 찢어져

191

You're catching on

빨리 이해하는구나

413

192

You're dead wrong

넌 완전히 틀렸어

여기서 dead는 강조어.

193

You're doing OK?

잘 지내?, 별 일 없지?

194

You're driving me crazy

너 때문에 미치겠어

drive sb crazy는 …을 미치게 만들다

195

You're excused

그러세요, 괜찮아, 그만 나가 보거라

196

You're going down

널 때려 눕히고 말겠어, 넌 끝장이야

197

You're gonna come and visit me?

놀러 올거지?

198 You're gonna have to do a lot better than that

그거 갖고도 턱도 없어

have to do a lot better than that은 그 이상으로 잘해야 된다

199 You're gonna have to suck up to him

걔한테 아부떨어야 돼

suck up to sb는 …에게 아부하다

S-Y

200 You're in for it!

네가 자초한 일이니 후회해도 소용없어!, 너 큰일 났어!

201 You're just saying that

빈말인 거 알아, 그냥 해보는 말이지, 괜한 소리지

202 You're kidding!

(불신) 그럴리가!, (놀람) 정말!, (불확실) 너 농담이지!

203 You're lying to me

거짓말하지마

204 You're making fun of me?

너 지금 나 놀리냐?, 장난하냐?

make fun of sb는 …을 놀리다

205 You're not alone

너만 그런 게 아니야, 넌 혼자가 아이냐

206 You're not gonna buy your way out of this one

넌 이번에는 그냥 넘어가지 못할거야

buy one's way out of sth은 (자신의 잘못을 뇌물이나 영향력을 발휘해) 곤경에 빠지지 않다. 그냥 넘어가다

207 You're not gonna talk your way out of this one

넌 이 일에서 자유롭지 못할거야

talk one's way out of~는 어려운 상황을 설득해서 빠져나오다, 피하다

208 You're not helping

넌 도움이 안돼

209 You're not that way

넌 그런 사람 아니잖아

not that way는그런 식이 아닌

A-F

G-I

J-R

S-Y

210 You're off the case

이 환자에서 손떼!, 이 사건에서 손떼

case는 법정드라마에서는 사건, 의학드라마에서는 환자가 된다.

211 You're on time

시간 맞춰왔네, 딱 (시간을) 맞췄네

212 You're one to talk

사돈 남 말 하네, 웃기고 있네

213 You're pulling my leg

나 놀리는거지, 농담이지?

pull one's leg는 놀리다

214 You're pushing 50

넌 나이가 50이 다 되어가

be pushing+age는 나이가 …가 다 되어가다, turn+age (in~)는 …에 몇살이 되다, 그리고
be still going strong은 나이가 들어지만 여전히 건강하다

215 You're pushing my buttons

날 건드리네, 귀찮게 하네

216 You're putting words in my mouth

넌 내가 하지도 않은 말을 했다는거야

"내가 하지도 않은 말을 했다고 하지마"라고 하려면 Don't put words in my mouth.

217 You're really starting to creep me out

너 정말 겁나기 시작해

creep sb out은 …를 겁[놀]나게 하다, 오싹하게 하다, 그리고 give sb the creeps는 …을 소름끼치게 하다

218 You're right

네 말이 맞아

219 You're so full of crap

넌 완전 엉터리야

220 You're so hell bent on winning the contest

넌 대회에서 우승하기 위해 필사적이야

(be) (hell) bent on sth[~ing]은 …하는데 필사적이다, …하려고 작정하다.

221 You're so uptight

너무 소심해, 너무 긴장하고 있어

222
You're still on that?

아직도 그 얘기야?

223
You're stuck with me

넌 싫어도 나와 함께 있어야 돼

be[get] stuck with sb[sth]는 억지로 사귀거나, 싫은 일을 하다. 원치 않지만 함께 붙어 있다

224
You're talking to the wrong man

딴데가서 얘기해

225
You're telling me

1. (강한 동의) 누가 아니래!, 정말 그래! 2. 나도 알아

226
You're that serious about this guy?

이 사람을 그렇게 진지하게 사귀는거야?

get[be] serious about+N[~ing]은 진지한 감정이다. 진지하게 사귀다

227
You're the boss

분부만 내리십시오, 시키는 대로 하죠, 맘대로 해요

228

You're the one

난 너 뿐이야

229

You're trying my patience

너 정말 짜증난다

230

You're up to no good

쓸데없는 짓을 하고 있구만, 또 이상한 짓을 꾸미고 있구나

'쓸데없는 짓 혹은 나쁜 짓을 하고 있다'(do bad things)거나 혹은 '빈둥거리다'라는 뜻.

231

You're what?

뭘 어떻게 하겠다고?, 뭘 어쩐다고?, 뭐라고?

232

You've been acting strange all day

너 오늘 하루종일 이상해

233

You've been on my ass all day

종일 귀찮게 하는군

234
You've come a long way

장족의 발전을 했군

235
You've gone off the deep end

넌 정신나갔어, 자제력을 잃었어

go off (at) the deep end는 '매우 화내다'라는 뜻으로 별 근거 없이 화를 버럭 낸다는 뉘앙스를 갖는다.

236
You've got a lot of nerve

참 뻔뻔스럽군

237
You've got a soft spot for this guy

넌 이 사람을 좋아하지

have a soft spot for~는 …에 사족을 못쓰다, …에 약하다

238
You've got it all wrong

잘못 알고 있는거야

239
You've got it made

성공했구나, 잘 나가는구나

240

You've got me beat

나보다 낫네, 금시초문일 걸, 몰랐어

241

You've got to put your foot down

넌 결사 반대를 해야 돼

put one's foot down은 결사반대하다, 단호하게 거절하다

242

You've made your point

너의 주장이 뭔지 알겠어

CHECK iT OUT! 문장속에서 확인해보기!

A: Do you want to come with us for drinks?
B: Why not?
A: I'll <u>come by</u> your office when I'm through.

> A: 우리랑 같이 한잔 하러 갈래?
> B: 그러지 뭐.
> A: 내가 일 끝나면 너희 사무실에 들를게.

★ come by
come by 뒤에 장소명사가 오면「…에 들르다」, 일반사물이 오면「…을 손에 넣다」(obtain)란 의미.

A: Could you <u>give me a hand</u>?
B: Whatever you ask.
A: Please go to the airport for me tomorrow and pick up my brother.

> A: 나 좀 도와줄래?
> B: 뭐든지 말만 해.
> A: 내일 공항에 가서 내 동생 좀 태워다 줘.

★ give me a hand
give sb a hand는 …를 도와주다. 이 경우 a hand는「도움의 손길」,「원조」 등을 의미한다. give 대신 lend를 쓸 수도 있다.

A: What did Bill say on the phone?
B: Something's come up and he can't attend our wedding.
A: That's too bad! I was really hoping he could <u>make it</u>.

> A: 빌이 전화해서 뭐라고 그랬어?
> B: 일이 생겨서 우리 결혼식에 참석할 수가 없대.
> A: 저런! 그 사람이 꼭 올 수 있기를 바랬는데 말야.

★ make it
make it은 어떤 목표를 (노력해서) 달성하다. 그 목표가 시간일 경우에는「제 시간에 도착하다」(arrive in time)라는 의미.

COMMON EXPRESSIONS
IN AMERICAN DRAMAS

A: I can't believe you never <u>showed up</u> at the meeting.
B: My son got sick and I had to take him to the doctor.
A: Well, as far as the company is concerned, **that's no excuse.**

A: 회의에 참석하지 않았다니 믿을 수 없군요.
B: 아들이 아파서 의사한테 데려가야 했습니다.
A: 글쎄요, 회사 입장에서는 그건 이유가 안됩니다.

★showed up
어떤 모임에 얼굴을 보인다는 뜻. 즉 「참석하다, 모습을 드러내다」란 의미로 널리 쓰이는 동사구. 한편 약속을 해놓고는 모습을 드러내지 않는 사람은 no-show라고 하는데, 특히 비행기 좌석과 관련되어 많이 쓰인다.

A: The traffic was so bad this morning.
B: **You can say that again.** I <u>was stuck</u> for over an hour!
A: I wish the city planners would solve this problem soon.

A: 오늘 아침에 교통상황이 너무 안좋았어요.
B: 내말이 그말이에요. 한 시간이 넘게 도로에서 꼼짝도 못했다니까요!
A: 도시 계획자들이 이 문제를 빨리 해결해줬으면 좋겠어요.

★was stuck
여기서처럼 교통혼잡이나 일 등으로 「꼼짝달싹 못하는」 상태를 나타낸다. 전치사 with를 이용하면 꼼짝 못하게 옭아매고 있는 「대상」을 밝힐 수 있다.

A: I can't believe she <u>slapped me in the face.</u>
B: **You asked for it!**
A: I guess I shouldn't have told that joke.

A: 그 여자가 내 따귀를 때렸다는 게 말이나 돼냐구!
B: 맞을 짓 했지 뭘 그래!
A: 내가 그런 농담을 안했어야 하는 건데.

★slapped me in the face
신체발부에 손 대는 경우, 「V + sb in[by] + 신체부위」의 형태가 일반적. slap, hit 등 「때리다」류 동사에는 in을, seize 등 「잡다」류 동사엔 by를 쓴다. 물론 「V + one's + 신체부위」라고 해도 된다.

424